DSCG 4

Comptabilité et audit

CORRIGÉS DU MANUEL

EXPERT SUP

L'expérience de l'expertise

Les manuels DSCG

DSCG 1 • *Gestion juridique, fiscale et sociale*, Manuel et Applications
Jean-Michel Do Carmo Silva, Laurent Grosclaude

DSCG 2 • *Finance*, Manuel et Applications
Pascal Barneto, Georges Grégorio

• *Finance*, Corrigés du manuel
Pascal Barneto, Georges Grégorio

DSCG 3 • *Management et contrôle de gestion*, Manuel et Applications
Claude Alazard, Hélène Charrier, Nathalie Dubost, Pascal Fabre, Sabine Sépari, Guy Solle

• *Management et contrôle de gestion*, Corrigés du manuel
Claude Alazard, Hélène Charrier, Nathalie Dubost, Pascal Fabre, Sabine Sépari, Guy Solle

DSCG 4 • *Comptabilité et audit*, Manuel et Applications
Robert Obert, Marie-Pierre Mairesse

• *Comptabilité et audit*, Corrigés du manuel
Robert Obert, Marie-Pierre Mairesse

DSCG 5 • *Management des systèmes d'information*, Manuel et Applications
Michelle Gillet, Patrick Gillet

DSCG 6 • *Épreuve orale d'économie se déroulant partiellement en anglais*, Manuel et Applications
François Coulomb, Jean Longatte, Pascal Vanhove

La collection Expert Sup propose tous les outils de la réussite

- Les **Manuels** clairs, complets et régulièrement actualisés, présentent de nombreuses rubriques d'exemples, de définition, d'illustration ainsi que des énoncés d'application.
- Les **Corrigés** sont disponibles en fin d'ouvrage ou dans un ouvrage publié à part.
- Les **Cas pratiques** avec corrigés commentés et rappel de cours détaillés permettent de travailler toutes les difficultés du programme.

DSCG 4

Comptabilité et audit

CORRIGÉS DU MANUEL

Robert OBERT
Agrégé des techniques économiques de gestion
Docteur en sciences de gestion
Diplômé d'expertise comptable

Marie-Pierre MAIRESSE
Docteur en sciences de gestion
Professeur des universités à l'IAE de Valenciennes
Diplômée d'expertise comptable

DUNOD

ISBN 978-2-10 -051314-7
ISSN 1269-8792

Sommaire

1 CHAPITRE Information comptable et management financier

APPLICATION 1

Diagnostic financier

Nous effectuerons ce diagnostic financier en présentant d'abord une étude de rentabilité et de profitabilité du groupe Nestor, ensuite une étude de la structure financière du groupe, puis une étude des flux financiers dégagés par l'entité. Enfin, en utilisant une méthode de *scoring* simple, nous réaliserons une analyse de la probabilité de défaillance du groupe.

1. Étude de rentabilité et de profitabilité

Le résultat avant intérêt, impôts et amortissement et dépréciation du *goodwill* représente en N 12,5 % du chiffre d'affaires (12,3 % en N–1) et le résultat net représente 7,1 % du chiffre d'affaires (8,5 % en N–1). Ce sont des résultats très positifs, signe d'une excellente rentabilité du groupe. Il est possible d'analyser ces résultats en faisant d'abord un diagnostic de rentabilité économique et de rentabilité financière, puis en faisant une analyse par secteur.

Diagnostic de rentabilité économique et de rentabilité financière

La rentabilité économique est un ratio. Elle est obtenue en divisant le résultat économique, c'est-à-dire un résultat d'exploitation après impôt, par le montant des capitaux engagés pour obtenir ce résultat (appelé actif économique). Le taux de l'impôt se dégagera en comparant le résultat avant impôt et l'impôt correspondant. L'actif économique est égal à la somme de l'actif immobilisé et du besoin en fonds de roulement d'exploitation. On peut considérer que le besoin en fonds de roulement d'exploitation est égal à la différence entre les actifs circulants et les fonds étrangers à court terme (non compris les dettes financières à moins d'un an) diminué des liquidités et équivalents de liquidités. On peut ainsi calculer ce ratio :

Éléments	N	N-1
Résultat d'exploitation avant intérêt et impôt (EBITA)	11 006	10 940
Résultat avant impôt	8 307	9 684
Impôt	2 307	2 295
Taux de l'impôt	27,77 %	23,70 %
Impôt estimé sur résultat d'exploitation avant intérêt	– 3 057	– 2 593
Résultat d'exploitation après intérêt et impôt	7 949	8 347
Actif circulant	36 233	35 342
Fonds étrangers à court terme	30 365	33 737
Dettes financières comprises dans ces fonds étrangers	15 419	18 702
Fonds étrangers à court terme d'exploitation	14 946	15 035
Liquidités ou équivalents de liquidités en fin d'exercice	7 074	6 338
Besoins en fonds de roulement d'exploitation	14 213	13 969
Actif immobilisé	53 328	52 010
Actif économique	67 541	65 979
Ratio de rentabilité économique = Résultat d'exploitation après intérêt et impôt / Actif économique	11,77 %	12,65 %

On peut aussi décomposer le ratio de rentabilité économique en déterminant un ratio de profitabilité égal au rapport entre le résultat économique et le chiffre d'affaires et un ratio de rotation de l'actif économique égal au rapport entre le chiffre d'affaires. Le produit des deux ratios donnera le ratio de rentabilité économique. On peut ainsi calculer ces ratios :

Éléments	N	N-1
Résultat d'exploitation après intérêt et impôt	7 949	8 347
Chiffre d'affaires	87 979	89 160
Ratio de profitabilité = Résultat d'exploitation après intérêt et impôt / Chiffre d'affaires	9,04 %	9,36 %
Chiffre d'affaires	87 979	89 160
Actif économique	67 541	65 979
Rotation de l'actif économique	1,3026	1,3513
Ratio de rentabilité économique = Ratio de profitabilité × rotation de l'actif économique	11,77 %	12,65 %

On peut ainsi constater que la rentabilité économique du groupe, d'un niveau très élevé, a tout de même baissé entre N–1 et N compte tenu d'une rotation du capital un peu plus faible et d'une profitabilité également un peu plus faible.

La rentabilité financière est aussi un ratio. Elle est obtenue en divisant le résultat net par le montant des capitaux propres. On peut ainsi effectuer ce calcul :

Éléments	N	N–1
Résultat net	6 213	7 564
Fonds propres	36 880	34 819
Intérêts minoritaires	943	813
Capitaux propres	37 823	35 632
Ratio de rentabilité financière = Résultat net / Capitaux propres	16,42 %	21,23 %

Cette rentabilité financière reste élevée (en diminution cependant).

On peut expliquer le passage de la rentabilité économique à rentabilité financière par l'effet de levier. L'effet de levier est égal à la différence entre la rentabilité financière et la rentabilité économique divisée par la rentabilité économique.

On peut ainsi déterminer :

– l'effet de levier N = (16,42 – 11,77) / 11,77= 39,51 % ;

– l'effet de levier N–1 = (21,23 – 12,65) / 12,65 = 67,82 %.

Il est à noter que cet effet de levier est important (en baisse cependant).

Il est à noter également qu'un autre résultat (appelé *comprehensive income* dans les normes américaines) est fourni par le tableau de variation des capitaux propres : il tient compte de résultats constatés directement en capitaux propres dont principalement des écarts de conversion (écarts de change) constatés sur les actifs et passifs des filiales étrangères intégrées (pour N : – 1 560) et des ajustements de juste valeur des couvertures par des instruments financiers dérivés de flux de trésorerie et d'investissement nets dans les entités étrangères [résultats non encore réalisés et inscrits en capitaux propres en contrepartie de la variation de la juste valeur de l'instrument financier (soit pour N : – 198) et reprises de résultats réalisés au compte de résultat (soit pour N : – 74) ce qui ramène le résultat N de 6 213 à 4 424. Dans ce cas le ratio de rentabilité financière n'est plus pour N que de 4 424 / 37 823 = 11,70 % (au lieu de 16,42 %).

Analyse par secteur

À partir de l'information sectorielle, on peut déterminer une rentabilité du chiffre d'affaires (à partir de l'EBITA) par secteur géographique ou par activité. Il est à noter qu'une part des charges n'a pas été répartie ce qui ne permet pas de comparer le taux de rémunération de l'EBITA sur l'ensemble du groupe (12,51 %) et les résultats sectoriels (moyenne 14,25 %).

On pourra établir le tableau suivant (pour N) ; le lecteur pourra effectuer également ce tableau pour N–1 :

	EBITA	Chiffre d'affaires	Ratios
Secteurs géographiques			
Zone Europe	4 343	36 640	11,85 %
Zone Amériques	4 150	27 655	15,01 %
Zone Asie, Océanie et Afrique	2 508	14 432	17,38 %
Autres activités	1 537	9 252	16,61 %
Secteurs d'activité			
Boissons	4 038	23 520	17,17 %
Produits laitiers, nutrition et glaces	2 796	23 283	12,01 %
Plats préparés et produits pour cuisiner	1 884	16 056	11,73 %
Produits pour animaux de compagnie	1 444	9 816	14,71 %
Chocolat, confiserie et biscuits	1 047	10 240	10,22 %
Produits pharmaceutiques	1 329	5 052	26,31 %

On peut ainsi constater (par rapport à la moyenne de 14,25 %) une très bonne rentabilité en Zone Asie, Océanie et Afrique, d'une part et Amériques, d'autre part et pour ce qui concerne les secteurs d'activité une très bonne rentabilité du secteur Boissons et du secteur Produits pharmaceutiques.

On pourrait aussi établir une rentabilité des capitaux investis actifs moins passifs pour les secteurs géographiques, actifs pour les secteurs d'activité. On pourrait alors établir les tableaux suivants :

Secteurs géographiques	EBITA	Actifs	Passifs	Actifs nets	Ratios
Zone Europe	4 343	17 270	7 640	9 630	45,10 %
Zone Amériques	4 150	9 643	3 205	6 438	64,46 %
Zone Asie, Océanie et Afrique	2 508	6 071	1 829	4 242	59,12 %
Autres activités	1 537	3 730	1 539	2 191	70,15 %

Par rapport au capital investi, la rentabilité en Europe reste plus faible.

Secteurs d'activité	EBITA	Actifs	Ratios
Boissons	4 038	11 237	35,93 %
Produits laitiers, nutrition et glaces	2 796	10 303	27,14 %
Plats préparés et produits pour cuisiner	1 884	5 787	32,55 %
Produits pour animaux de compagnie	1 444	3 481	41,48 %
Chocolat, confiserie et biscuits	1 047	5 208	20,10 %
Produits pharmaceutiques	1 329	2 708	49,07 %

Par rapport aux actifs utilisés, les secteurs les plus rentables sont les produits pour animaux de compagnie et les produits pharmaceutiques.

2. Étude de la structure financière du groupe

Lorsque l'on analyse la structure financière d'une entité, il y a lieu de déterminer d'abord si les emplois stables sont couverts par des ressources stables, donc de déterminer le fonds de roulement, puis de déterminer le besoin de fonds de roulement (déjà calculé ci-dessus) et la trésorerie nette de l'entité.

CALCUL DU FONDS DE ROULEMENT ET ANALYSE EN BESOIN DE FONDS DE ROULEMENT ET TRÉSORERIE NETTE		
Éléments	**N**	**N–1**
Fonds propres	36 880	34 819
Actionnaires minoritaires	943	813
Fonds étrangers à long et moyen termes	21 373	17 983
Dettes financières à court terme (moins d'un an)	15 419	18 702
Ressources stables	74 615	72 317
Emplois stables (actifs immobilisés)	53 328	52 010
Fonds de roulement	21 287	20 307
Besoin en fonds de roulement	14 213	13 969
Trésorerie nette	7 074	6 338

Cette analyse fait ressortir un fonds de roulement qui couvre largement les besoins en fonds de roulement de l'exploitation du groupe.

L'étude de la structure financière du groupe peut également être effectuée à l'aide de ratios.

Les ratios permettant d'évaluer la structure financière de l'entreprise sont très variés et chaque analyste financier est libre de créer ceux qui lui semblent pertinents. Nous ne prendrons que ceux qui sont les plus communément utilisés.

Autonomie financière : Capitaux propres / Total bilan

Ce ratio est particulièrement étudié par les banquiers car les capitaux propres sont pour eux une garantie. En effet, en cas de liquidation de l'entreprise, les actionnaires seront les derniers servis lors de la vente des actifs. On le calculera ainsi :

Éléments	N	N-1
Fonds propres	36 880	34 819
Actionnaires minoritaires	943	813
Capitaux propres	37 823	35 632
Total du bilan	89 561	87 352
Ratio autonomie financière	42,23 %	40,79 %

Bien qu'il n'existe pas de norme absolue, un « bon » rapport ne doit pas être inférieur à 1/3 (ce qui est le cas pour le groupe étudié).

Structure du financement : Capitaux propres / Dettes à long et moyen terme

Ce ratio représente la structure de financement de l'entreprise (autofinancement ou recours à l'emprunt). On le calculera ainsi :

Éléments	N	N-1
Capitaux propres	37 823	35 632
Dettes à long et moyen terme	21 373	17 983
Ratio financement	1,769	1,981

Là encore, il n'existe pas de norme absolue, mais en règle générale un « bon » rapport ne doit pas être inférieur à 1. Dans le cas du groupe étudié, le ratio est plus proche de 2 que de 1.

Durée de remboursement : Dettes financières / Flux de trésorerie d'exploitation

Ce ratio représente le nombre d'années nécessaires pour rembourser la dette dans le cas où la capacité d'autofinancement serait exclusivement employée à ce remboursement (pas de dividendes ni d'investissements). On le calculera ainsi :

Éléments	N	N-1
Dettes financières à long et moyen terme	14 064	10 548
Dettes financières à court terme	15 419	18 702
Total dettes financières	29 483	29 250
Flux de trésorerie d'exploitation	10 125	10 248
Durée de remboursement (en années)	2,91	2,85

Ce chiffre peut utilement être comparé à l'échéancier des dettes financières : un ratio de 3 est correct si l'endettement est en moyenne à 8 ans mais inquiétant s'il est à échéance de 2 ou 3 ans. Il semble ici correct.

Liquidité : Actif disponible à moins d'an an / Dettes exigibles à moins d'un an

Ce ratio reflète le risque d'illiquidité de l'entreprise. Il doit être au moins supérieur à 1 car sinon l'entreprise risque de se retrouver en situation de cessation de paiement. On peut le calculer en considérant que les stocks sont réalisables ou que les stocks sont non réalisables :

STOCKS RÉALISABLES		
Éléments	**N**	**N–1**
Actifs circulants	36 233	35 342
Dettes exigibles à moins d'un an	30 365	33 737
Ratio de liquidité	1,1932	1,0476

STOCKS NON RÉALISABLES		
Éléments	**N**	**N–1**
Actifs circulants	36 233	35 342
Stocks	– 6 995	– 6 794
Actifs disponibles à moins d'un an (hors stocks)	29 238	28 548
Dettes exigibles à moins d'un an	30 365	33 737
Ratio de liquidité	0,9629	0,8462

Sur un plan théorique, il y a risque d'illiquidité (ratios inférieurs à 1 si les stocks ne sont pas réalisables). Toutefois comme l'analyse des scores le montrera ci-après (§ 4), nous sommes très loin d'une cessation de paiements.

Enfin, il faut analyser, à l'aide des annexes relatifs aux instruments financiers les risques couverts par le groupe (risques de change, risque de taux d'intérêt, risques sur matières).

On peut établir le tableau de synthèse suivant :

Éléments	**N**			**N–1**		
	Montants contractuels ou notionnels	**Juste valeur actif**	**Juste valeur passif**	**Montants contractuels ou notionnels**	**Juste valeur actif**	**Juste valeur passif**
Couverture de juste valeur	7 141	379	501	6 187	328	106
Couverture des flux de trésorerie	8 599	141	213	6 495	202	181
Couverture d'investissements nets dans une entité étrangère	2 080	93	41	3 322	354	47
Négoce	7 877	56	91	4 828	75	50
Total	25 697	669	846	20 832	959	384

On peut ainsi constater en comparant par exemple les montant couverts avec l'ensemble des fonds étrangers du groupe que près de la moitié de ce passif est couvert par des instruments dérivés (ce qui est conséquent) et qu'ainsi le groupe évite de prendre à côté des risques industriels liés à son activité des risques financiers importants.

3. Étude des flux financiers dégagés par l'entité

Si l'on analyse les données du tableau de flux de trésorerie, on constate aussi bien en N–1 qu'en N un équilibre de trésorerie, la trésorerie dégagée par l'exploitation couvrant à la fois les investissements et les remboursements. L'écart entre les deux variations de liquidités et équivalents de liquidités étant dus pour l'essentiel à des variations de change comme le montre le tableau ci-dessous.

Éléments	N	N–1
Flux de trésorerie d'exploitation	10 125	10 248
Flux de trésorerie des activités d'investissements	– 4 728	– 4 754
Flux de trésorerie des activités de financement	– 4 014	– 4 760
Cumul	1 383	734
Différence de change sur les flux	– 457	– 1 648
Variation des liquidités et équivalents de liquidités	926	– 914

Si l'on examine un peu plus en détail le contenu du tableau de flux de trésorerie, on peut considérer que le flux de trésorerie d'exploitation provient en N (en N–1, des autres mouvements provenant probablement d'acquisitions et de cessions fort importantes font que ce flux de trésorerie est plus faible que la capacité d'autofinancement) en quasi-totalité de la capacité d'autofinancement (laquelle est déterminée en ajoutant au résultat l'ensemble des dotations nettes aux amortissements, dépréciations et provisions), comme le montre le tableau suivant :

Éléments	N	N–1
Capacité d'autofinancement	10 768	14 097
Diminution (augmentation) du fonds de roulement	– 688	787
Autres mouvements	45	– 4 636
Flux de trésorerie d'exploitation	10 125	10 248

Si l'on examine les activités d'investissements, on peut constater que ce sont des opérations de croissance interne (investissements en immobilisations corporelles et incorporelles) et de croissance externe (acquisitions diminuées de cessions de filiales) qui sont à la source du flux de trésorerie des activités d'investissement comme on peut le voir dans le tableau suivant :

Éléments	N	N–1
Dépenses		
Investissements en immobilisations corporelles et incorporelles	4 019	4 267
Acquisitions	1 950	5 395
Total	5 969	9 662
Ressources		
Ventes d'immobilisations	244	338
Cessions	725	4 684
Revenus des sociétés associées et autres mouvements	272	– 114
Total	1 241	4 908
Flux de trésorerie des activités d'investissements	4 728	4 754

Enfin, si l'on examine les activités de financement, on peut en faire la synthèse suivante et voir l'importance des remboursements effectués (à comparer avec les nouveaux emprunts) :

Éléments	N	N–1
Ressources de financement		
Émission d'emprunts	2 305	3 926
Ventes d'actions propres	660	395
Total	2 965	4 321
Dépenses de financement		
Remboursements d'emprunts et de dettes	3 757	5 491
Achat de propres actions	318	605
Dividendes versés	2 705	2 484
Autres opérations (solde)	199	501
Total	6 979	9 081
Flux de trésorerie des activités d'investissements	4 014	4 760

4. Méthode des scores

La méthode des scores est une technique d'analyse et de détection de la probabilité de défaillance d'une entreprise. Le score se présente comme une fonction mathématique qui retient plusieurs ratios jugés pertinents, plus ou moins fortement pondérés selon leur importance. Le résultat obtenu en appliquant cette fonction aux chiffres d'une entreprise permet de la situer dans une catégorie de risque.

Il n'existe pas une formule type, mais chaque banque ou agence de notation a développé sa propre fonction de *scoring*. À titre d'exemple, le score de Conan et Holder (un peu ancien mais simple à calculer) s'obtient grâce à la formule suivante :

16 R1 + 22 R2 – 87 R3 – 10 R4 + 24 R5

Avec :
R1 = Actif circulant – stocks / Total bilan
R2 = Capitaux permanents / Total bilan
R3 = Frais financiers / Chiffre d'affaires
R4 = Charges de personnel / Valeur ajoutée
R5 = Excédent brut d'exploitation / Dettes totales

Certaines de ces données sont fournies dans le bilan ou le compte de résultat. D'autres doivent être calculées : les plus difficiles à déterminer sont la valeur ajoutée et l'excédent brut d'exploitation tirés du tableau des soldes intermédiaires de gestion. Par mesure de simplification, on peut calculer ces deux données à partir de du résultat avant intérêts, impôts et amortissement du *goodwill* (appelé EBITA par le groupe, à distinguer de l'EBITDA calculé par de nombreuses entités qui est calculé avant tout amortissement, et non seulement l'amortissement du *goodwill*) de la manière suivante :

- EBITA + amortissements et dépréciations des immobilisations corporelles et incorporelles = excédent brut d'exploitation (EBE)
- EBE + charges de personnel = Valeur ajoutée

Le tableau présenté ci-dessous permet la détermination des paramètres relatifs au calcul du *scoring.*

Éléments	N	N–1
Actif circulant	36 233	35 342
Stocks	6 995	6 794
Actif circulant – Stocks	29 238	28 548
Total bilan	89 561	87 352
Capitaux propres	36 880	34 819
Intérêts minoritaires	943	813
Dettes à long et moyen terme	21 373	17 983
Capitaux permanents	59 196	53 615
Frais financiers	1 202	1 410
Chiffre d'affaires	87 979	89 100
EBITA	11 006	10 940
Amortissements des immobilisations corporelles	2 408	2 542
Pertes de valeur des immobilisations corporelles	148	1 316
Amortissement des immobilisations incorporelles	255	189
Altération de valeur des immobilisations incorporelles	74	41
Excédent brut d'exploitation	13 891	15 028
Charges de personnel	13 580	13 976
Valeur ajoutée	27 471	29 004
Dettes totales	51 738	51 720

À partir de ces données on calculera les ratios correspondant.

Éléments	N	N–1
Actif circulant – Stocks	29 238	28 548
Total bilan	89 561	87 352
R1 = Actif circulant – Stocks / Total bilan	0,3264	0,3268
Capitaux permanents	59 196	53 615
Total bilan	89 561	87 352
R2 = Capitaux permanents / Total bilan	0,6610	0,6138
Frais financiers	1 202	1 410
Chiffre d'affaires	87 979	89 100
R3 = Frais financiers / Chiffre d'affaires	0,0136	0,0158
Charges de personnel	13 580	13 976
Valeur ajoutée	27 471	29 004
R4 = Charges de personnel / Valeur ajoutée	0,4943	0,4819
Excédent brut d'exploitation	13 891	15 028
Dettes totales	51 738	51 720
R5 = Excédent brut d'exploitation / Dettes totales	0,2685	0,2906

Ensuite on pourra calculer les scores suivants :

	Coefficients	N		N–1	
		Ratios	Produits	Ratios	Produits
R1	+ 16	0,3264	5,22	0,3268	5,23
R2	+ 22	0,6610	14,54	0,6138	13,50
R3	– 87	0,0136	– 1,18	0,0158	– 1,37
R4	– 10	0,4943	– 4,94	0,4819	– 4,82
R5	+ 24	0,2685	6,44	0,2906	6,97
Scores			20,08		19,51

Le score obtenu est analysé par Conan et Holder de la manière suivante :

– score < 0 : forte probabilité de défaillance au cours des trois prochaines années ;

– score compris entre 0 et 10 : probabilité non négligeable de défaillance ;

– score compris entre 10 et 18 : très faible probabilité de défaillance ;

– score > 18 : probabilité de défaillance quasi nulle.

Dans notre cas, la probabilité de défaillance est quasi nulle.

APPLICATION 2

Actif net comptable corrigé et méthode DCF

La détermination de l'actif net comptable corrigé peut s'effectuer à partir de la situation nette ou de l'actif ou du passif. Compte tenu des nombreuses corrections à apporter à la situation nette, nous évaluerons cette société à partir de son actif et de son passif.

1. Détermination de l'actif

a) Immobilisations incorporelles

Les frais d'établissement sont des non-valeurs (actif fictif).

La valeur du brevet peut être estimée à $6\,000 \times \dfrac{1 - 1{,}10^{-8}}{0{,}10} = 32\,000$

• Valeur des logiciels	6 000
• Valeur du brevet	32 000
	38 000

b) Immobilisations corporelles

La valeur vénale du contrat de crédit bail est égale à la différence entre la valeur de l'ensemble immobilier soit 40 000 + 200 000 = 240 000, diminué de la valeur actuelle des versements restant à effectuer : $20\,000 \times \dfrac{1 - 1{,}10^{-8}}{0{,}10} + 30\,000 \times 1{,}08^{-8} = 131\,140$

soit 240 000 – 131 140 = 108 860 €

• Valeur du contrat :	108 860
• Valeur des autres immobilisations :	340 000
	448 860

c) Immobilisations financières

Le prêt peut être estimé à la valeur suivante : $10\,000 \times (1{,}08)^{-8} + 200 \times \dfrac{1 - 108^{-8}}{0{,}08} = 6\,552$ €.

Les immobilisations financières autres que le prêt peuvent être estimées à : 14 000 – 10 000 + 448 (plus-value) = 4 448 €

• Valeur du prêt :	6 552
• Valeur autres immobilisations :	4 448
	11 000

d) Actif circulant

La valeur du stock s'élève à 150 600 + 14 000 = 164 600 €

La perte sur créance est égale au montant hors taxe de cette créance soit $\dfrac{19\,136}{1{,}196} = 16\,000$ €.

Il y a lieu donc de tenir compte d'une perte supplémentaire de 16 000 – 12 000 = 4 000 €.

La valeur des autres éléments de l'actif circulant s'élève donc à : 224 000 – 4 000 = 220 000

Les comptes de régularisation sont des non-valeurs.

• Stocks et en cours :	164 600
• Autres :	220 000
	384 600

e) Récapitulation

Pour l'ensemble de l'actif corrigé on a les éléments suivants :

Immobilisations incorporelles :	38 000
Immobilisations corporelles :	448 860
Immobilisations financières :	11 000
Actif circulant :	384 600
	882 460

2. Détermination du passif

a) Provisions

Il n'y a pas lieu de tenir compte de la provision pour pertes de change qui vient en compensation (partielle) de la différence de conversion actif.

Par contre, il y a lieu de tenir compte de la provision pour impôts différés.

b) Éléments faisant l'objet d'un impôt différé

Éléments conduisant à un impôt différé passif	
– provisions pour hausse de prix	4 800
(il n'y a pas d'impôt différé sur la provision pour investissement)	
– amortissements dérogatoires	22 800
	27 600
La différence de conversion passif a été imposée	
Éléments conduisant à un impôt différé actif :	
– frais d'établissement :	12 000
La différence de conversion actif a été imposée	
• Impôts différés : (27 600 – 12 000) × 33 1/3 % =	5 200
• Autres provisions (24 000 – 2 600)	21 400
	26 600

c) Dettes

Elles sont de 280 000 € auxquelles, il faut rajouter le dividende à payer soit 10 000 €.

d) Récapitulation

• Provisions :	26 600
• Dettes :	290 000
	316 600

3. Détermination de l'actif net comptable corrigé

Actif :	882 460
Passif :	316 600
	565 860

L'actif net comptable corrigé est de 565 860 €.

4. Valeur de l'entreprise selon la méthode DCF

La valeur de l'entreprise est égale à :

$$= \sum_{i=1}^{n} \frac{CF_i}{(1 + CMPC)^i} + \frac{VT}{(1 + CMPC)^n} - VD$$

avec :

VE : la valeur d'entreprise

CF : le flux de trésorerie (*cash flow*) généré par l'exploitation

CMPC : le coût moyen pondéré du capital

VT : la valeur terminale

VD : la valeur de l'endettement financier net.

On a donc $VE = 60\,000 \times 1{,}09^{-1} + 80\,000 \times 1{,}09^{-2} + 100\,000 \times 1{,}09^{-3} + 80\,000 \times 1{,}09^{-4} + 60\,000 \times 1{,}09^{-5} + 600\,000 \times 1{,}09^{-5} - 100\,000 = 585\,227$ €. La valeur obtenue selon la méthode du *discounted cash flow* est supérieure à la valeur comptable.

APPLICATION 3

Valeur substantielle, capitaux permanents nécessaires à l'exploitation, *goodwill*

Il est nécessaire d'abord de calculer la valeur substantielle brute, les capitaux permanents nécessaires à l''exploitation ainsi que les bénéfices correspondants, en vue de déterminer les rentes qui permettront de calculer le *goodwill*.

1. Détermination de la valeur substantielle brute

Il y a lieu d'abord d'analyser le contrat de crédit-bail.

Soit i le taux trimestriel d'actualisation des paiements :

On a $324\,000 = 15000 \times \frac{1-(1+i)^{-32}}{i}(1+i) + 23160 \times (1+i)^{-32}$ ce qui donne i = 3 %

La valeur comptable du bien au 31 décembre N était de $324\,000 - 324\,000 \times \frac{3}{12} = 243\,000$

Le montant du capital restant à rembourser est de :

$$324\,000 - 15\,000 - (15\,000 - 309\,000 \times 3\,\%) \times \frac{1{,}03^{11} - 1}{0{,}03} = 235\,600$$

La valeur du contrat était de 243 000 – 235 600 = 7 400

Le montant de l'actif immobilisé nécessaire à l'exploitation est en définitive égal à :

• Actif immobilisé	480 000
• – Valeur du contrat	–7 400
• – Actif non nécessaire à l'exploitation	– 61 600
• + Grosses réparations	80 000
• + Valeur du bien en crédit-bail	243 000
	734 000

On pourra en déduire la valeur substantielle brute

• Actif immobilisé nécessaire à l'exploitation	734 000
• Actif circulant	540 000
• Effets escomptés non échus	19 000
	1 293 000

2. Détermination des capitaux permanents nécessaires à l'exploitation

• Actif immobilisé nécessaire à l'exploitation	734 000
• Besoin de fonds de roulement	48 000
	782 000

3. Détermination du résultat correspondant à la valeur substantielle brute

• Résultat courant avant impôt	80 000
• Produits liés à des opérations hors exploitation	– 6 000
• Charges liées à des opérations hors exploitation	+ 4 000
• Redevance de crédit-bail	+ 60 000
• Amortissement du bien en crédit-bail : 324 000/ 12	– 27 000
• Amortissement grosses réparations : 80 000 / 5	– 16 000
• Intérêts sur financement à long terme	+ 10 600
• Intérêts sur financement à court terme	+ 7 200
• Résultat avant impôt	112 800
• Impôt 33 1/3 %	– 37 600
• Résultat après impôt	75 200

4. Détermination du résultat correspondant aux capitaux nécessaires à l'exploitation

• Résultat avant impôt de la rémunération valeur substantielle	112 800
• Intérêts sur financement à court terme	– 7 200
• Résultat avant impôt	105 600
• Impôt 33 1/3 %	– 35 200
• Résultat après impôt	70 400

5. Détermination du *goodwill*

Soit t le taux de rémunération de la valeur substantielle brute

$75\,200 - 1\,293\,000 \times t\,\% = 70\,400 - 782\,000\,(t + 2)\,\%$

$t = 4\,\%$

On trouvera une rente de 23 480 €.

Le *goodwill* sera de : $23\,480 \times \dfrac{1 - 1{,}10^{-5}}{0{,}10} = 89\,000$ €.

APPLICATION 4

Actif net corrigé d'exploitation et hors exploitation et détermination du *goodwill*

1a. Détermination de l'actif net comptable corrigé de la société Hélène à partir de la situation nette

Nous déterminons cet actif net comptable sans tenir compte de la valeur du fonds d'industrie, cette valeur étant comprise dans le *goodwill*. On considérera que les frais de développement ne sont pas cessibles séparément et seront également compris dans le *goodwill*.

Par contre, l'actif net comptable corrigé tiendra compte de la valeur du contrat de crédit-bail (valeur égale à la différence entre la valeur comptable du bien dans la société de crédit-bail et le montant des amortissements restant à effectuer).

Détermination des plus-values sur immobilisations corporelles et financières

Éléments	Évaluation	Valeur nette comptable	Plus-values
Usine	400 000	330 000	70 000
Maisons d'habitation	100 000	70 000	30 000
Installations techniques, matériels et outillage	500 000	420 000	80 000
Autres immobilisations	169 000	160 000	9 000
	1 169 000	980 000	189 000
Titres hors exploitation	30 000	20 000	10 000
Titres exploitation	120 000	100 000	20 000
	150 000	120 000	30 000
	1 319 000	1 100 000	219 000

Calcul de la valeur du contrat de crédit-bail

La valeur du contrat peut être estimée à la différence entre la valeur nette comptable du bien et le reste à rembourser en considérant la contrepartie de la valeur du bien contre un emprunt.

- Valeur nette comptable du bien : 19 000 – 19 000 × 10 % = 17 100
- Capital remboursé : 5 000 – 19 000 × 10 % = 3 100
- Reste à rembourser : 19 000 – 3 100 = 15 900
- Valeur du contrat : 17 100 – 15 900 = 1 200

Détermination des impôts différés

Sur plus-values sur immobilisations :

189 000 × 33 1/3 % + 30 000 × 15 % 67 500

Sur plus-values sur stocks : 30 000 × 33 1/3 %	10 000
Sur valeur contrat de crédit-bail : 1 200 × 33 1/3 %	400
Sur PHP et amortissements dérogatoires : 108 000 × 33 1/3 % =	36 000
Sur frais de recherche et frais d'augmentation de capital : 93 000 × 33 1/3 % =	– 31 000
Sur frais d'émission des emprunts : 6 000 × 33 1/3 % =	– 2 000
	80 900

Actif net comptable corrigé (hors *goodwill*)

Capital	1 000 000
Réserves	885 000
Résultat de l'exercice	180 000
Provisions réglementées	120 000
Moins-values sur immobilisations incorporelles : 3 000 + 90 000 + 200 000 =	– 293 000
Charges à répartir	– 6 000
Plus-values sur immobilisations corporelles et financières	219 000
Crédit-bail	1 200
Plus-values sur stocks	30 000
Impôts différés	– 80 900
Dividendes à répartir	– 100 000
	1 955 300

1b. Détermination de l'actif net comptable corrigé de la société Hélène à partir de l'actif réel et du passif réel

Actif réel

Actif immobilisé	1 319 000
Crédit-bail	1 200
Stocks 1 330 000 + 30 000	1 360 000
Créances	1 170 000
Disponibilités	98 000
	3 948 200

Passif réel

Dividendes	100 000
Provisions	12 000
Impôts différés	80 900
Emprunts	200 000
Autres dettes	1 600 000
	1 992 900

Actif net comptable corrigé : 3 948 200 – 1 992 900 = 1 955 300

2. Détermination de l'actif net comptable corrigé d'exploitation et de l'actif net comptable corrigé hors exploitation

Actif net comptable corrigé hors exploitation

Maisons d'habitation	100 000
Titres	30 000
Impôt 30 000 × 33 1/3 % + 10 000 × 15 %	– 11 500
	118 500

Actif net comptable corrigé d'exploitation

1 955 300 – 118 500 =	1 836 800

3. Calcul des *goodwills* et des valeurs de cession

La détermination de la valeur de la société Hélène comprendra les étapes suivantes :
- détermination de la valeur substantielle brute ;
- détermination des capitaux nécessaires à l'exploitation ;
- détermination du résultat lié à l'actif net comptable corrigé d'exploitation ;
- détermination du résultat lié à la valeur substantielle brute ;
- détermination du résultat lié aux capitaux permanents nécessaires à l'exploitation ;
- calcul des *goodwills* ;
- détermination des échelles de valeurs.

a) Détermination de la valeur substantielle brute

Elle comprend les éléments suivants :

• L'actif immobilisé déterminé ci-dessus	1 319 000
• Diminution faite de l'actif immobilisé non nécessaire à l'exploitation :	
100 000 + 30 000 =	– 130 000
• La valeur des grosses réparations nécessaires	10 000
• La valeur comptable du bien acquis par un contrat de crédit-bail	17 100
Ce qui donne une valeur substantielle immobilisée de	1 216 100
• L'actif circulant : 1 360 000 + 1 170 000 + 98 000	2 628 000
• Les effets escomptés non échus nécessaires à l'exploitation	12 000
	3 856 100

b) Détermination des capitaux nécessaires à l'exploitation

Ils comprennent :

– la valeur substantielle immobilisée	1 216 100
– le besoin en fonds de roulement nécessaire soit	
3 490 000 × 30 % =	1 047 000
	2 263 100

c) Détermination du résultat lié à l'actif net comptable corrigé d'exploitation

Produits

On ne tiendra compte que des produits d'exploitation (non pas au sens du plan comptable général, mais celui des produits provenant de biens nécessaires à l'exploitation) : ainsi certains produits d'exploitation (au sens comptable) ne seront pas pris en compte (cas des loyers des maisons d'habitation) d'autres considérés comme hors exploitation (au sens comptable) seront pris en compte (produits financiers des titres nécessaires à l'exploitation).

Production	3 490 000
Produits financiers d'exploitation (5 000 – 700)	4 300
	3 494 300

Charges

On ne tiendra compte que des charges d'exploitation (non pas au sens comptable, mais de celui des charges liées aux biens nécessaires à l'exploitation).

• Achats consommés	956 000
• Autres achats et charges externes	
(non compris assurance, entretien des maisons et redevances de crédit-bail)	
605 000 – 2 000 – 5 000	598 000
• Impôts et taxes	
(non compris impôt sur maisons d'habitation)	
114 000 – 500	113 500
• Charges de personnel	1 153 000
• Amortissements	
(amortissements des actifs d'exploitation et du bien en crédit-bail)	
277 000 – 11 000 + 19 000 × 10 %	267 900
• Participation des salariés	10 000
• Charges financières	
(sur emprunts pour investissements d'exploitation, sur crédit-bail et sur financement à court terme)	
85 000 + 19 000 × 10 % + 36 000 =	122 900
	3 221 300
Résultat avant impôt : 3 494 300 3 221 300 =	273 000
Impôt sur les bénéfices 33 1/3 %	91 000
Résultat après impôt	182 000

d) Détermination du résultat lié à la valeur substantielle brute

Dans le calcul de ce résultat, on ne déduit pas les charges financières, puisque celles-ci comme le résultat net représentent la rémunération des capitaux nécessaires au financement de la valeur substantielle brute.

Par contre, on constatera un amortissement des grosses réparations, ces aménagements nécessaires étant compris dans la valeur substantielle brute.

Résultat avant impôt relatif à l'actif net comptable corrigé d'exploitation	273 000
Charges financières réintégrées	122 900
Amortissements des grosses réparations : 10 000 × 20 % =	– 2 000
Résultat avant impôt	393 900
Impôt sur les bénéfices 393 900 × 33 1/3 % =	– 131 300
Résultat après impôt	262 600

e) Détermination du résultat lié aux capitaux permanents nécessaires à l'exploitation

Dans le calcul de ce résultat, on ne déduit pas les charges financières à long terme, puisque celles-ci comme le résultat net représentent la rémunération des capitaux nécessaires au financement des capitaux permanents nécessaires à l'exploitation.

Par contre, on constatera un amortissement des grosses réparations, ces aménagements nécessaires étant compris dans la valeur substantielle brute.

• Résultat avant impôt relatif à l'actif net comptable corrigé d'exploitation	273 000
• Charges financières à long terme réintégrées : 85 000 + 1 900	86 900
• Amortissements des grosses réparations : 10 000 × 20 % =	– 2 000
Résultat avant impôt	357 900
Impôt sur les bénéfices 357 900 × 33 1/3 % =	119 300
Résultat après impôt	238 600

f) Calcul des *goodwills*

Calcul du goodwill *par la méthode des praticiens*

La valeur de rendement de la société peut être estimée à $\frac{182\ 000}{0{,}08} = 2\ 275\ 000$ €.

Le *goodwill* sera calculé par comparaison avec l'actif net comptable corrigé d'exploitation puisque nous avons calculé la valeur de rendement par rapport au résultat correspondant aux opérations d'exploitation.

$$GW = \frac{2\ 275\ 000 - 1\ 836\ 800}{2} = 218\ 100 \text{ €}$$

Calcul du goodwill *à partir de la rémunération de l'actif net comptable corrigé d'exploitation*

Le résultat de N est de 182 000 €

Comme l'actif net comptable corrigé d'exploitation est de 1 836 800 et qu'il doit être rémunéré à 7,5 %, la rente de *goodwill* pour N s'élève à : 182 000 – 1 836 800 × 7,5 % = 44 240 €.

Compte tenu de la croissance annuelle de 5 % de cette rente, elle doit être pour :

N+1 : 44 240 × 1,05 = 46 452

N+2 : 46 452 × 1,05 = 48 775

N+3 : 48 775 × 1,05 = 51 213

N+4 : 51 213 × 1,05 = 53 774

N+5 : 53 774 × 1,05 = 56 463

Le *goodwill* est égal à la somme actualisée de ces rentes

GW = 46 452 × $1{,}12^{-1}$ + 48 775 × $1{,}12^{-2}$ + 51 213 × $1{,}12^{-3}$ + 53 774 × $1{,}12^{-4}$ + 56 463 × $1{,}12^{-5}$ = 183 023 €.

Pour déterminer ce *goodwill*, le tableau suivant pourra être établi :

Années	N+1	N+2	N+3	N+4	N+5
Résultat ANCCE Rémunération à 9 % de l'ANCCE					
Rente ANCCE Rente actualisée à 12 %	46 452 41 475	48 775 38 883	51 213 36 452	53 774 34 174	56 463 32 039

Le total de la rente actualisée s'élève à 183 023 €.

Remarque

Si, au lieu de considérer que la rente de *goodwill* augmente de 5 % par an et que l'actualisation soit effectuée au taux de 12 %, on ait considéré que la rente soit fixe et que le taux d'actualisation soit de 10 %,

la valeur du *goodwill* aurait été de : $44\,240 \times \dfrac{1 - 1{,}10^{-5}}{0{,}10}$ = 167 704 €

Calcul du goodwill *à partir de la rémunération de la valeur substantielle brute*

Les calculs s'effectueront de la même manière

Résultat net correspondant : 262 600

Rente de *goodwill* : 262 600 – 3 856 100 × 5 % = 69 795

GW = 288 745 €

Calcul du goodwill *à partir de la rémunération des capitaux nécessaires à l'exploitation*

Les calculs s'effectueront de la même manière

Résultat net correspondant : 238 600

Rente de *goodwill* : 238 600 – 2 263 100 × 8 % = 57 552

GW = 238 095 €

g) Détermination des valeurs de cession

Méthode des praticiens : 1 955 300 + 218 100 = 2 173 400 €.

Rémunération de l'actif net comptable corrigé d'exploitation : 1 955 300 + 183 000 € = 2 138 300 €

Rémunération de la valeur substantielle brute : 1 955 300 + 288 700 = 2 244 000 €

Rémunération des capitaux nécessaires à l'exploitation : 1 955 300 + 238 100 = 2 193 400 €

APPLICATION 5

Juste valeur

1. Définition et notions approchantes

La juste valeur est définie par les normes IFRS comme « le montant pour lequel un actif pourrait être échangé, ou un passif éteint, entre parties bien informées, consentantes, et agissant dans des conditions de concurrence normale ».

La définition du FASB (organisme de normalisation américain), qui utilise également cette notion est la suivante : « prix qui serait reçu pour un actif ou payé pour la cession d'un passif dans le cadre d'une transaction courante entre des parties intervenant sur le marché de référence de l'actif et du passif ».

La juste valeur doit être distinguée des notions suivantes :

- valeur de marché (IAS 32 – versions 1995 et 1998) : « montant qui pourrait être obtenu de la vente (ou qui serait dû de l'acquisition) d'un instrument financier sur un marché actif » ;
- valeur d'utilité (IAS 36) : « valeur actualisée des flux de trésorerie futurs susceptibles de découler d'un actif ou d'une unité génératrice de trésorerie » ;
- valeur recouvrable (IAS 36) : « valeur la plus élevée entre sa juste valeur diminuée des coûts de la vente et sa valeur d'utilité » ;
- valeur nette de réalisation (IAS 2) : « prix de vente estimé dans le cours normal de l'activité, diminué des coûts estimés pour l'achèvement et des coûts estimés nécessaires pour réaliser la vente » ;
- valeur intrinsèque (IFRS 2) : « différence entre la juste valeur des actions que l'autre partie a le droit (conditionnel ou inconditionnel) de souscrire ou qu'elle a le droit de recevoir et le prix (éventuel) que l'autre partie est (ou sera) tenue de payer pour ces actions. Par exemple une option sur action amortie d'un prix de 15 UM, relative à une action dont la juste valeur s'élève à 20 UM, a une valeur intrinsèque de 5 UM) » ;
- valeur vénale (PCG art. 322-1) : « montant qui pourrait être obtenu à la date de clôture, de la vente d'un actif lors d'une transaction conclue à des conditions normales de marché, nets des coûts de sortie » ;
- valeur d'usage (PCG art. 322-1) : « valeur des avantages économiques futurs attendue de son utilisation ou de sa sortie. Elle est calculée à partir des estimations des avantages économiques futurs attendus. Dans la généralité des cas, elle est déterminée en fonction des flux nets de trésorerie attendus. Si ces derniers ne sont pas pertinents pour l'entité, d'autres critères devront être retenus pour évaluer les avantages futurs attendus » ;
- valeur actuelle (PCG art. 322-1) : « valeur la plus élevée de la valeur vénale ou de la valeur d'usage ».

2. Cas d'utilisation de la juste valeur

La notion de juste valeur est utilisée par de nombreuses normes IFRS et notamment les normes IAS 2 « Stocks », IAS 16 « Immobilisations corporelles », IAS 17 « Locations », IAS 18 « Produits des activités ordinaires », IAS 19 « Avantages du personnel », IAS 20 « Comptabilisation des subventions publiques et informations à fournir sur l'aide publique », IAS 21 « Effet des variations des cours des monnaies étrangères », IAS 32 « Instruments financiers, présentation », IAS 36 « Dépréciation d'actifs », IAS 38 « Immobilisations incorporelles », IFRS 2 « Paiement fondé sur des actions », IFRS 3 « Regroupement d'entreprises », IFRS 4

« Contrats d'assurance », IFRS 5 « Actifs non courants détenus en vue de la vente et activités abandonnées » et IFRS 7 « Instruments financiers, informations à fournir ».

Dans les règles françaises on retrouve la notion de la juste valeur dans le règlement 99-03 relatif au Plan comptable général (article 522/2 § 22) :

« 22. Informations sur l'ensemble des transactions effectuées sur les marchés de produits dérivés, dès lors qu'elles représentent des valeurs significatives.

Pour chaque catégorie d'instruments financiers dérivés :

a) La juste valeur des instruments, si cette valeur peut être déterminée par référence à une valeur de marché ou par application de modèles et techniques d'évaluation généralement admis.

b) Les indications sur le volume et la nature des instruments. »

3. Méthodes qui permettent de déterminer la juste valeur

L'ensemble des méthodes qui permettent de déterminer la juste valeur est présentée dans la norme IAS 39 (voir notre manuel cours chapitre 1 section § 1.3) et dans la norme du FASB SFAS 157 « Fair value measurement » (septembre 2006). Il est à noter que l'IASB prépare actuellement un projet semblable dans le cadre de la convergence des règles comptables.

La norme FAS 157 définit la notion de juste valeur. Elle établit un cadre conceptuel pour évaluer la juste valeur conformément aux principes comptables généralement admis (GAAP) et demande des informations plus conséquentes relatives à cette évaluation. Cette norme s'applique pour toute disposition comptable dans laquelle le FASB avait précédemment fait référence à l'évaluation à la juste valeur. Si elle ne présente pas de nouvelles dispositions relatives à l'obligation d'évaluer à la juste valeur, toutefois, pour certaines entités, elle impliquera un changement de la pratique en vigueur.

FAS 157 s'applique à toutes les applications faisant appel à la notion de juste valeur à l'exception de FAS 123 relatif au paiement fondé sur des actions et bien entendu des normes qui utilisent des concepts proches mais tout de même différents de la juste valeur (comme la valeur d'inventaire de l'ARB 43 chapitre 4).

Après avoir donné une définition de la juste valeur (voir ci-dessus), la norme analyse les caractéristiques des actifs ou des passifs appelés à être évalués, la notion de prix, la notion de transaction, qui sont les participants à un marché (l'acheteur, le vendeur), l'application de l'évaluation à un actif ou à un passif.

La norme présente ensuite les spécificités de la juste valeur dans le cadre d'une comptabilisation initiale ou dans le cadre de périodes postérieures.

Puis sont présentées les techniques d'évaluation. Trois approches sont mises en relief : l'approche marché, l'approche résultat et l'approche coût. L'approche marché s'applique lorsque des prix sont observables pour des actifs identiques ou similaires. L'approche résultat utilise des techniques permettant de convertir des montants futurs en un seul montant présent : cette approche inclut notamment les techniques d'actualisation des flux futurs de trésorerie et les modèles d'évaluation des options comme le modèle de Black-Scholes-Merton ou le modèle binomial. L'approche coût est basée sur le montant qu'il faudrait décaisser pour remplacer un actif existant en tenant compte notamment de son obsolescence.

La norme présente ensuite une hiérarchie en trois niveaux de l'évaluation à la juste valeur. Le niveau 1 est applicable lorsqu'il existe des prix cotés pour actif ou un passif identique sur un marché actif. Le niveau 2 s'applique lorsqu'il existe des prix cotés pour un actif ou un passif similaire dans un marché actif, ou des prix cotés pour un actif et passif identique dans un marché non actif, ou pour des marchés liés aux actifs et passifs (tel le marché de taux d'intérêt) dont les prix sont observables ou encore pour des marchés qui ne sont pas observables mais où il est possible par extrapolation de se référer à des marchés dont les prix sont observables. Enfin, le niveau 3 s'applique aux cas où les marchés ne sont pas du tout observables, directement ou indirectement, le modèle utilisé devant prendre en compte notamment le risque qu'accepte de courir le vendeur sur ce type de marché.

Enfin, la norme présente les informations sur la juste valeur à fournir dans les états financiers.

4. Calcul de la valeur d'une option d'achat et d'une option de vente selon le modèle de Black and Scholes

On a $d1 = \dfrac{1}{0{,}20 \times \sqrt{0{,}25}} \times [\text{Ln } 102/100 + (0{,}05 + 0{,}5 \times 0{,}20^2) \times 0{,}25\ ] =$

$1/0{,}10 \times (0{,}019802627 + 0{,}0175) = 0{,}37302627$

on a $d2 = 0{,}37302627 - 0{,}20 \times \sqrt{0{,}25} = 0{,}27302627$

On peut en déduire, en consultant l'intégrale de la loi normale centrée réduite de Laplace Gauss en effectuant les interpolations nécessaires.

$N(d1) = 0{,}6454$ (0,6443 pour d = 0,37 et 0,6480 pour d = 0,38) ;

$N(d2) = 0{,}6076$ (0,6064 pour d = 0,27 et 0,6103 pour d = 0,28) ;

$N(-d1) = 1 - 0{,}6454 = 0{,}3546$

$N(-d2) = 1 - 0{,}6064 = 0{,}3936$

On en tirera :

$c = 102 \times 0{,}6454 - 100 \times 2{,}718281828^{-0{,}05 \times 0{,}25} \times 0{,}6076 = 65{,}83 - 100 \times 0{,}9875778 \times 0{,}6076 = 65{,}83 - 60{,}00 = 5{,}83$.

$p = -102 \times 0{,}3546 + 100 \times 2{,}718281828^{-0{,}05 \times 0{,}25} \times 0{,}3924 = -36{,}17 + 100 \times 0{,}9875778 \times 0{,}3924 = -36{,}17 + 38{,}75 = 2{,}58$.

La valeur estimée de l'option d'achat est donc de 5,83 € et celle de l'option de vente de 2,58 €.

APPLICATION 6

Information financière

1. Obligations vis-à-vis du Conseil d'administration

Le Conseil d'administration est composé de trois administrateurs (ce qui est le minimum). Ses missions et compétences sont fixées par les statuts de la société.

Conformément à l'article L. 225-35 du Code de commerce, le conseil d'administration détermine les orientations de l'activité de la société et veille à leur mise en œuvre. Sous réserve des pouvoirs expressément attribués aux assemblées d'actionnaires et dans la limite de l'objet social, il se saisit de toute question intéressant la bonne marche de la société et règle par ses délibérations les affaires qui la concernent. Il procède aux contrôles et vérifications qu'il juge opportuns. Le président ou le directeur général de la société est tenu de communiquer à chaque administrateur tous les documents et informations nécessaires à l'accomplissement de sa mission. En conséquence, il ne peut y avoir de limitation à l'information financière destinée aux administrateurs.

2. Obligations vis-à-vis des actionnaires

Les informations financières qui doivent être fournies aux actionnaires sont fixées notamment par les articles L. 225-100 à L. 225-102-2, L. 225-108 et L. 225-115 du Code de commerce.

Elles peuvent être regroupées dans un document de référence dont la structure est fondée sur les schémas d'information requis par la réglementation européenne (règlement CE n° 809/2004 de la Commission du 29 avril 2004 pris en application de la directive 2003/71/CE du Parlement et du Conseil du 4 novembre 2003).

Sur le plan pratique, la communication financière d'une société dont les titres sont admis aux négociations sur un marché réglementé, est effectuée de la manière suivante auprès de ses actionnaires et l'ensemble de la communauté financière et du public :

- un rapport annuel, document de référence déposé auprès de l'AMF ;
- la publication d'avis financiers et de communiqués de presse ;
- un site Internet disposant d'une partie consacrée à la communication financière.

Si la société Ovide clôt son exercice le 31 décembre, on pourrait avoir la communication financière suivante (en N+1) :

- janvier N+1 : chiffre d'affaires N ;
- mars N+1 : résultat N ;
- avril N+1 : chiffre d'affaires premier trimestre N+1 ;
- mai N+1 : comptes N définitifs ;
- juillet N +1 : chiffre d'affaires premier semestre N+1 ;
- août N+1 : résultat premier semestre N+1 ;
- novembre N+1 : chiffre d'affaires troisième trimestre N+1.

Le document de référence comprendra notamment :

- le rapport de gestion ;
- les comptes consolidés ;
- le rapport des commissaires aux comptes sur les comptes consolidés ;
- les comptes sociaux ;
- les résultats financiers des cinq derniers exercices ;
- le tableau des filiales et participations ;
- le tableau des valeurs mobilières ;
- le rapport des commissaires aux comptes sur les comptes sociaux ;
- le rapport spécial des commissaires aux comptes ;
- éventuellement les comptes semestriels consolidés ;
- les résolutions présentées à l'assemblée générale ;
- le rapport du président relatif aux procédures de contrôle interne ;
- le rapport du commissaire aux comptes pour ce qui concerne les procédures de contrôle interne.

APPLICATION 7

Offre publique d'achat

1. Contenu de la note

Dans le cadre d'une offre publique d'achat, l'initiateur (c'est-à-dire ici la société Ladislas) doit contacter l'Autorité des marchés financiers (AMF). Sa demande doit être accompagnée d'une note d'information, établie par l'initiateur, seul ou conjointement avec la société visée.

Note d'information de l'initiateur auprès le l'AMF

L'initiateur doit, par l'intermédiaire de son établissement présentateur (prestataire spécialisé de services d'investissement, garantissant pour le compte de la personne prenant l'initiative de l'opération le caractère irrévocable des engagements pris) déposer à l'AMF, en même temps que la lettre de projet d'offre, un projet de note d'information.

Selon l'article 231-18 du règlement général de l'AMF, cette note doit préciser :

- l'identité de l'initiateur ;
- la teneur de son offre et, en particulier :
  - le prix ou la parité proposés ;
  - le nombre et la nature des titres qu'il s'engage à acquérir ;
  - le nombre et la nature des titres de la société visée qu'il détient déjà, directement, indirectement ou de concert, ou qu'il peut détenir à sa seule initiative ;
  - le cas échéant, les conditions suspensives auxquelles l'offre est subordonnée ;
  - le calendrier prévisionnel de l'offre ;
  - le cas échéant, le nombre et la nature des titres remis en échange par l'initiateur ;
  - les conditions de financement de l'opération et leurs incidences sur les actifs, l'activité et les résultats des sociétés concernées ;
- ses intentions pour une durée couvrant au moins les douze mois à venir relatives à la politique industrielle et financière des sociétés concernées ;
- ses orientations en matière d'emploi ;
- le droit applicable aux contrats conclus entre l'initiateur et les détenteurs de titres de la société visée à la suite de l'offre ainsi que les juridictions compétentes ;
- les accords relatifs à l'offre, auxquels il est partie ou dont il a connaissance ;
- s'il y a lieu, l'avis motivé du conseil d'administration ou du conseil de surveillance sur l'intérêt de l'offre ou sur les conséquences que présente l'offre pour l'initiateur, ses actionnaires et ses salariés ;
- l'engagement de déposer un projet d'offre irrévocable et loyale sur la totalité des titres de capital et donnant accès au capital ou aux droits de vote de la société dont plus du tiers du capital ou des droits de vote est détenu et qui constitue un actif essentiel de la société visée ;
- s'il y a lieu, le rapport de l'expert indépendant ;
- les modalités de mise à disposition des informations relatives aux caractéristiques juridiques, financières et comptables.

Note d'information de la société visée

La note en réponse de la société visée, (article 231-19 du règlement de l'AMF) mentionne :

- les accords conclus entre personnes concernées pouvant avoir une incidence sur l'appréciation de l'offre ou son issue ;
- les éléments mentionnés à l'article L. 225-100-3 du Code de commerce (notamment structure du capital de la société, restrictions statutaires à l'exercice des droits de vote et aux transferts d'actions, participations directes ou indirectes), le cas échéant actualisés à la date de l'offre tels que la société en a connaissance ;
- le rapport de l'expert indépendant ;
- l'avis motivé du conseil d'administration ou du conseil de surveillance sur l'intérêt de l'offre ou sur les conséquences de celle-ci pour la société visée, ses actionnaires et ses salariés ;
- les observations du comité d'entreprise ou, à défaut, des délégués du personnel ou, à défaut, des membres du personnel ;
- les intentions des membres des organes sociaux (conseil d'administration ou de surveillance) d'apporter ou non leurs titres à l'offre ;
- les modalités de mise à disposition des informations relatives aux caractéristiques juridiques, financières et comptables.

2. Justification du prix offert

Les éléments d'appréciation du prix d'offre figurant dans la note d'information seront probablement :

- le cours de bourse (dernier cours, cours moyen du dernier mois, cours moyen du dernier trimestre, cours moyen du dernier semestre, cours moyen de la dernière année) au second marché où la société cible est cotée ; il est à noter que la cotation est suspendue depuis le 25 avril N ;
- les situations nettes comptables aux 31 décembre N–2 et au 31 décembre N–1 : il est à noter que situation nette par action au 31 décembre N–1 ressort à 10 191 000 / 790 795[1] = 12,89 € valeur très proche de la valeur retenue 12,64 € ;
- la valorisation de la marque Laurence, non retenue comme critère d'appréciation de l'offre.

On pourrait trouver également :

- une analyse du BNA (bénéfice net par action), du PER (*price/earning* ratio), du dividende par action et du taux de rendement de sociétés cotées comparables (échantillon de 3 à 10 sociétés) ;
- une évaluation effectuée à partir de *cash flows* actualisés.

3. Écritures comptables

Si la totalité des titres est acquise :

	Oct. N		
261	Titres de participation	6 368 844,90	
512	Banque		6 368 844,90
	503 466 × 12,65		

(1) (10 003 557 / 12,65 ou 15 815 900 / 20)

4. Rôle du comité d'entreprise

L'article 4 de la loi 2001-420 du 15 mai 2001 relative aux nouvelles régulations économiques a prévu l'information des comités d'entreprise et des comités de groupe en cas d'OPA ou d'OPE en complétant à cet effet les articles L 432-1 et L. 439-2 du Code du travail.

Si l'entreprise faisant l'objet d'une telle offre ne fait pas partie d'un groupe ou si faisant partie d'un groupe, elle n'en est pas la société dominante, mais une simple filiale, le chef d'entreprise informe le comité d'entreprise.

Si l'entreprise en question est la société dominante d'un groupe, le chef d'entreprise devra informer le comité de groupe et lui seul.

Art. L. 432-1 du Code du travail : (...) En cas de dépôt d'une offre publique d'achat ou d'offre publique d'échange portant sur une entreprise, le chef de cette entreprise réunit immédiatement le comité d'entreprise pour l'en informer. Au cours de cette réunion, le comité décide s'il souhaite entendre l'auteur de l'offre et peut se prononcer sur le caractère amical ou hostile de l'offre. Ce dernier adresse au comité de l'entreprise qui en fait l'objet, dans les trois jours suivant sa publication, la note d'information mentionnée au troisième alinéa de l'article L. 621-8 du Code monétaire et financier. L'audition de l'auteur de l'offre se déroule dans les formes, les conditions, les délais et sous les sanctions prévus aux alinéas suivants. (...)

Art. L. 439-2 du Code du travail : (...) En cas d'annonce d'offre publique d'achat ou d'offre publique d'échange portant sur l'entreprise dominante d'un groupe, le chef de cette entreprise en informe immédiatement le comité de groupe. Il est alors fait application au niveau du comité de groupe des dispositions prévues aux quatrième et cinquième alinéas de l'article L. 432-1 pour le comité d'entreprise.

Le respect des dispositions de l'alinéa précédent dispense des obligations définies à l'article L. 432-1 pour les comités d'entreprise des sociétés appartenant au groupe.(...)

5. Intervention du comité de groupe

Si l'on examine l'aliéna 4 de l'article 439-2 exposé ci-dessus, le comité de groupe n'intervient que lorsque l'entreprise visée est l'entreprise dominante, ce n'est pas le cas dans le sujet proposé.

Toutefois l'alinéa 1 de l'article 439-2 du Code du travail stipule que « le comité de groupe reçoit des informations sur l'activité, la situation financière, l'évolution et les prévisions d'emploi annuelles ou pluriannuelles et les actions éventuelles de prévention envisagées compte tenu de ces prévisions, dans le groupe et dans chacune des entreprises qui le composent ».

En temps voulu, le comité de groupe devra donc recevoir des informations sur l'activité de la filiale Laurence. Il est à noter que le comité de groupe a seulement un rôle d'information en matière économique (il n'a pas les attributions consultatives du comité d'entreprise et ne substitue pas à ceux-ci).

Il est à noter aussi qu'à la suite de l'opération, la société Laurence ne fera plus partie du groupe Lothaire. Encore que la loi ne le précise pas, la sortie du groupe doit normalement emporter la disparition immédiate de la représentation de la société au sein du comité de groupe.

6. Résolutions à l'assemblée générale extraordinaire et écritures comptables

a) Réduction du capital

Première résolution

L'assemblée générale, après avoir entendu la lecture des rapports du conseil d'administration et des commissaires aux comptes, décide d'affecter à l'apurement à due concurrence des pertes la somme de 6 168 201 € en réduisant le capital de 15 815 900 € à 9 647 699 €.

Deuxième résolution

L'assemblée générale décide de réaliser cette réduction de capital par voie de réduction de la valeur nominale des actions de 20 € à 12,20 €. Tous pouvoirs sont conférés à cet effet au conseil d'administration.

Troisième résolution

L'assemblée générale, comme conséquence de la réduction de capital décide sous les résolutions qui précèdent de modifier ainsi l'article... des statuts...

b) Augmentation de capital

Nous considérerons que l'augmentation de capital sera réalisée au maximum, le prix d'émission des titres étant fixé au prix de l'offre publique d'achat soit 12,65 €. Il pourra être ainsi émis 10 000 000 / 12,65 = 790 510 actions. Le capital sera donc de 1 581 305 actions et la participation de la société Ladislas de 50,009 %.

Première résolution

L'assemblée générale, après avoir pris connaissance du rapport du conseil d'administration et du rapport spécial du commissaire aux comptes, décide sous réserve de l'adoption de la deuxième résolution concernant la suppression du droit préférentiel de souscription d'augmenter le capital social de 9 644 222 € pour le porter à 19 291 921 € au moyen de l'émission de 790 510 actions de 12,20 € émises à 12,65 € portant jouissance du... et au même rang que les actions anciennes, à libérer intégralement en numéraire.

Les souscriptions et versements seront reçus au siège social au plus tard le... Si à cette date, la totalité des souscriptions et versements exigibles n'avait pas été recueillie, l'augmentation de capital pourra être limitée, conformément à l'article L. 225-134-1° du Code de commerce, au montant souscrit et au moins au trois-quarts de l'augmentation prévue.

Les fonds seront déposés dans les huit jours de la réception à la Banque...

Deuxième résolution

L'assemblée générale, connaissance prise des rapports du conseil d'administration et du commissaire aux comptes, décide de supprimer, conformément aux articles L. 225-135 et 136 du Code de commerce le droit préférentiel de souscription réservé aux actionnaires.

Troisième résolution

L'assemblée générale, sous la condition suspensive de réalisation définitive de l'augmentation de capital, décide de modifier ainsi qu'il suit l'article... des statuts.

c) Écritures comptables

1013 119	Capital souscrit – appelé, versé Report à nouveau *Réduction de capital*	6 168 201	 6 168 201
4563 1013 1041	Actionnaires, versements sur augmentation de capital Capital souscrit – appelé, versé Primes d'émission *Augmentation de capital 790 510 actions de 12,20 € émises à 12,65 €*	9 999 951,50	 9 644 222 355 729,50

7. Résolutions à l'assemblée pour permettre au personnel de souscrire et écritures comptables correspondantes

a) Modèle de résolution

La souscription d'actions par les salariés est régie par les articles L. 225-177 et suivants du Code de commerce. L'aliéna 1 de l'article L. 225-177 stipule notamment que « l'assemblée générale extraordinaire, sur le rapport du conseil d'administration ou du directoire, selon le cas, et sur le rapport du commissaire aux comptes, peut autoriser le conseil d'administration ou le directoire à consentir au bénéfice des membres du personnel salarié ou de certains d'entre eux, des options donnant droit à a souscription d'actions ».

La résolution de l'assemblée générale extraordinaire pourra prendre la forme suivante :

Première résolution

L'assemblée générale, après avoir pris connaissance du rapport du conseil d'administration et du rapport spécial du commissaire aux comptes, autorise le conseil d'administration à consentir au bénéfice des membres du personnel ayant plus de deux années de présence dans la société (*par exemple*) des d'options donnant droit à la souscription d'action d'actions. Cette autorisation est donnée pour une durée de trente-huit mois.

Deuxième résolution

Le conseil d'administration détermine les conditions dans lesquelles sont consenties les options. Le prix de l'option est déterminé le jour où l'option est consentie. Ce prix ne pourra être modifié, sauf si la société réalise certaines opérations financières qui peuvent faire baisser la valeur de l'action. Pour tenir compte de l'incidence de telles opérations, le conseil d'administration procédera à un ajustement du nombre et du prix des actions, sans que ce prix puisse être ramené au-dessous du nominal de l'action. Le prix de souscription est fixé à 80 % *(par exemple)* de la moyenne des cours cotés au cours des vingt séances de bourse précédant ce jour, aucune option ne pouvant être consentie moins de vingt séances après le détachement des actions d'un coupon donnant droit à dividende ou à une augmentation de capital.

Troisième résolution

Les options ne peuvent être consenties pendant une période d'un mois qui précède ou suit l'arrêté et la publication des comptes sociaux ainsi que tout événement de nature à affecter significativement la situation et les perspectives de la société. Les options peuvent être exercées dans un délai de deux ans.

Quatrième résolution

L'assemblée générale sera informée chaque année par le conseil d'administration du nombre et du prix des options consenties et de leurs bénéficiaires ainsi que du nombre d'actions souscrites.

b) Modèle d'écriture comptable (au moment de la levée de l'option)

512	Banque		
1013	Capital souscrit – appelé, versé		
1041	Prime d'émission		
	Option de souscription d'action		

8. Rôle des organes représentatifs du personnel de la société Laurence

Les organes représentatifs du personnel n'ont pas à intervenir dans la mise en place de ce système. Toutefois, il faut tenir compte que le comité d'entreprise est représenté, avec voix consultative, auprès du conseil d'administration de la société.

2
CHAPITRE

Opérations financières spécifiques et opérations faites en commun ou pour le compte de tiers

APPLICATION 8

Opérations sur instruments financiers dérivés

Opération a

471 52	Compte d'attente Instruments de trésorerie - options de taux d'intérêt *Primes encaissées sur options 5 × 100 000 × 1,5 %*	7 500	7 500
275 471	Dépôts et cautionnements versés Compte d'attente *Dépôt de garantie sur contrat « dérivés sur obligations » 5 × 1 500*	7 500	7 500
471 52 (ou 478)	Compte d'attente Compte d'attente sur opérations termes de taux d'intérêt *Appels de marge successifs 5 × 100 000 × (97 – 96) %*	5 000	5 000

Au 31 décembre, il faut enregistrer les variations de valeur des options dans un compte d'attente.

52 (ou 478) 52	Instruments de trésorerie – Compte d'attente sur options de taux d'intérêt Instruments de trésorerie – Options de taux d'intérêt *Enregistrement des variations de valeur des options 5 × 100 000 (3 – 1,5) %*	7 500	7 500

La perte nette latente correspondant aux deux contrats peut s'effectuer soit en enregistrant le gain latent sur les contrats « dérivés sur obligations » soit 5 000 € en soldant le compte « Instruments de Trésorerie » et en enregistrant la perte latente sur les options en virant le compte d'attente. On peut aussi n'enregistrer que le résultat net de l'opération.

668 52 (ou 478) 52 (ou 478)	Autres charges financières Instruments financiers – Compte d'attente sur opérations fermes de taux d'intérêt Instruments financiers – Compte d'attente sur options de taux d'intérêt *Virement*	2 500 5 000	 7 500

Il est possible aussi de remplacer cette opération par la constitution d'une provision (solution moins bonne car l'opération peut ici être qualifiée de spéculative) et le résultat peut être considéré comme réalisé.

6865 1518	Dotations aux provisions financières Autres provisions pour risques *Perte nette latente au 31.12.N : 7 500 – 5 000*	2 500	 2 500

Il est nécessaire de comptabiliser également les engagements. Ces engagements sont des engagements reçus pour les options, des engagements réciproques pour les « dérivés sur obligations ».

8028 80928	Engagement reçu sur opérations conditionnelles à terme sur marchés organisés d'instruments de taux d'intérêts Contrepartie engagement reçu sur opérations conditionnelles à terme *Options call mars N+1 à 95 : 100 000 × 5*	500 000	 500 000
8028 8018	Engagement reçu sur opérations fermes à terme sur marchés organisés d'instruments de taux d'intérêts Engagement reçu sur opérations fermes à terme sur marchés organisés d'instruments de taux d'intérêts *Contrat notionnel mars N+1 : 100 000 × 5*	500 000	 500 000

Opération b

Sur cette opération, le dépôt de garantie a été versé en juillet N puis récupéré en septembre N. Les deux opérations se neutralisent donc au 31 décembre et il est possible de ne rien comptabiliser. On aurait pu cependant, pour garder une trace dans le journal, enregistrer les deux opérations suivantes.

275 471	Dépôts et cautionnements versés Compte d'attente *Dépôt versé en juillet : 3 × 1 500*	4 500	 4 500

471 275	Compte d'attente Dépôts et cautionnements versés *Récupération du dépôt*	4 500	 4 500

Entre juillet et octobre, la société Barthélemy a pu bénéficier des appels de marge.

471 52 (ou 478)	Compte d'attente Instruments de trésorerie – Compte d'attente sur opérations fermes de taux d'intérêt *Appels de marge : 3 × 100 000 × (97 – 95) %*	6 000	 6 000

L'opération était liquidée en septembre N, le compte « Instruments de trésorerie » pourra être viré au compte « Produits Financiers », qui, avec l'aide du compte « Produits constatés d'avance » viendra en compensation des charges financières sur l'emprunt.

52 (ou 478) 768	Instruments de trésorerie – Compte d'attente sur opérations fermes de taux d'intérêt Autres produits financiers *Virement*	6 000	 6 000
768 487	Autres produits financiers Produits constatés d'avance *Virement*	6 000	 6 000
487 768	Produits constatés d'avance Autres produits financiers *Imputation sur l'exercice N au prorata des intérêts de l'emprunt : 6 000 × 1/5 × 3/12*	300	 300

Les opérations étant dénouées, il n'y a pas d'engagements hors bilan à constater.

Opération c

Dans un FRA, il n'y a pas, comme dans les contrats sur marchés organisés, d'appels de marge. Toutefois, certains auteurs (Francis Lefebvre, *Instruments financiers,* p. 353) préconisent d'enregistrer les écarts dans le compte 52 « Instruments de Trésorerie », la contrepartie étant constatée dans un compte 47 qu'on pourrait appeler « Compte transitoire ».

L'opération n'étant pas dénouée, elle n'a pas à apparaître au bilan. Nous ne passerons donc aucune opération.

Par contre un engagement réciproque devra être constaté.

8028	Engagement reçu pour opération ferme de couverture de gré à gré sur instrument à terme de taux d'intérêt	200 000	
8018	Engagement donné pour opération ferme de couverture de gré à gré sur instrument à terme de taux d'intérêt.		200 000
	FRA Banque A : 200 000		

Opération d

Cette opération nécessite d'abord une écriture d'engagement hors bilan :

8028	Devises à recevoir	76 770	
8018	Devises à payer		76 770
	100 000 / 1, 3026		

Certains auteurs préconisent par ailleurs (Francis Lefebvre, *Instruments financiers*, p. 373) d'utiliser le compte Instruments de trésorerie pour enregistrer l'opération à terme et compenser l'écart de conversion constaté sur la dette. On aurait, dans ce cas, les écritures suivantes à comptabiliser :

52	Instruments de trésorerie – opérations de change à terme ferme	1 258	
477	Différence de conversion passif		1 258
	100 000 / 1,2816 – 100 000 / 1,3026		
476	Différence de conversion actif	1 258	
404	Fournisseurs d'immobilisations		1 258
	100 000 / 1,2816 – 100 000 / 1,3026		

Aucune provision pour pertes de change ne sera, bien sûr, constituée.

Opération e

Lors de l'initiation du swap, le montant nominal du swap doit être enregistré en engagement hors bilan :

8028	Engagement reçu pour opérations effectuées de gré à gré sur instruments de taux d'intérêt	200 000	
8018	Engagement donné pour opérations effectuées de gré à gré sur instruments de taux d'intérêt		200 000
	Swaps de taux		

À la clôture de l'exercice, l'intérêt couru sur le premier emprunt a été calculé au taux de 6,90 % ce qui donne : 200 000 × 6,90 % × 3/12 = 3 450 € alors qu'au taux fixe de 6 % cet intérêt aurait été de : 200 000 × 6 % × 3/12 = 3 000 €. Il y a lieu de constater le différentiel sur le taux d'intérêt.

661 1688	Charges d'intérêts Intérêts courus sur emprunts *Intérêts sur emprunts*	3 450	3 450
4687 768	Produits à recevoir Autres Produits financiers *Résultats latents sur swap : 3 450 – 3 000*	450	450

Opération f

Lors de l'achat de l'option, l'entreprise paie une prime de 1 520 € (1 000 × 1,52).

52 471	Instruments de trésorerie – options de vente d'actions Compte d'attente *Acquisition contrat d'option : 1 000 × 1,52*	1 520	1 520

Au 31 décembre N, la plus-value latente sur l'option sera comptabilisée. Elle viendra en diminution de la provision pour dépréciation des titres.

52 768	Instruments de trésorerie – options de vente d'action Autres produits financiers *Plus-value : (3,05 – 1,52) × 1 000*	1 530	1 530

Il n'y a pas d'écriture spécifique d'engagement à constater.

APPLICATION 9

Opérations faites en commun ou pour le compte de tiers

1. Opérations de concession de service public

Il y a lieu de comptabiliser l'amortissement de la construction et du matériel en concession. L'amortissement de la construction est un amortissement linéaire et l'amortissement du matériel est un amortissement dégressif (constaté en amortissement « pour dépréciation » pour l'amortissement linéaire et en amortissement dérogatoire pour le surplus). Il faut donc reconstituer les tableaux d'amortissement de ces immobilisations pour les exercices N–2, N–1 et N.

AMORTISSEMENT DES CONSTRUCTIONS EN CONCESSION			
Dates	Amortissements	Amortissements cumulés	Valeur nette comptable
31 décembre N–2	750	750	59 250
31 décembre N–1	3 000	3 750	56 250
31 décembre N	3 000	6 750	53 250

AMORTISSEMENT DU MATÉRIEL EN CONCESSION				
Dates	Amortissements dégressifs	Valeur nette fiscale	Amortissements linéaires	Amortissements dérogatoires
31.12.N–1	3 780	13 020	1 680	2 100
31.12.N	2 930	10 090	1 680	1 250

On passera les écritures suivantes :

	31.12.N		
6811	Dotations aux amortissements des immobilisations	4 680	
2823	Amortissements des constructions en concession		3 000
28254	Amortissement du matériel en concession		1 680
	Amortissements pour dépréciation		
6872	Dotations aux provisions réglementées	1 250	
145	Amortissements dérogatoires		1 250
	Amortissements dérogatoires		

Le compte « Droit du concédant » doit représenter la contrepartie de la valeur nette comptable de la construction mise à disposition par le concédant. Il faut débiter ce compte de : 56 250 – 53 250 = 3 000 €, soit le montant des amortissements constatés en cours de l'exercice.

On passera l'écriture suivante :

	31.12.N		
229	Droits du concédant	3 000	
791	Transferts de charges d'exploitation		3 000
	Amortissement d'un bien en concession faisant l'objet d'une reprise future.		

D'autre part, les provisions pour renouvellement du matériel mis en concession et la provision pour amortissements de caducité doivent être recalculés ou constatés.

a) Provision pour renouvellement

Dans le cas des entreprises concessionnaires, une provision pour renouvellement calculée sur la différence entre la valeur prévisionnelle de remplacement et la valeur estimée d'apport et déductible fiscalement peut être constituée.

Cette provision sera :

- fin N–1 : (24 000 – 16 800) × 1/10 = 720
- fin N : (24 000 – 16 800) × 2/10 = 1 440

Il faut donc reprendre une partie de la provision de l'année N–1 dotée trop largement et doter celle de l'année N. On passera l'écriture suivante :

	31.12.N		
156 7875	Provision pour renouvellement des immobilisations Reprise sur provisions exceptionnelles *Provision excédentaire N–1 : 800 – 720*	80	80
6815 156	Dotations aux provisions d'exploitation Provision pour renouvellement des immobilisations *Dotation de l'exercice*	720	720

Remarque : La provision déductible sur le plan fiscal fin N–1 était égale à [(16 800 + 720) – 16 800] × 1/10 = 72 ; celle déductible fin N sera de [(16 800 + 720 × 2) – 16 800] × 2/10 – 72 = 216. Il faudra réintégrer fiscalement 720 – 80 – 216 = 424.

b) Amortissement de caducité

L'amortissement de caducité a un caractère d'amortissement financier. Calculé d'après la durée de la concession soit ici 15 ans, il doit permettre à l'entreprise de constituer les fonds nécessaires pour rembourser le capital investi soit 16 800 €. L'amortissement annuel de caducité doit donc être de 16 800 / 15 = 1 120. Il n'y pas de régularisation nécessaire au titre de N–1.

	31.12.N		
6815 1573	Dotations aux provisions d'exploitation Provisions pour amortissements de caducité *Dotation N*	1 120	1 120

2. Opérations effectuées dans le cadre d'une société en participation

a) Écritures d'acquisition

L'acquisition du matériel s'effectuant en Grande Bretagne, membre de l'Union européenne, il y a lieu de constater une TVA intra-communautaire. Par ailleurs, l'opération étant effectuée au nom d'une société en participation, il sera nécessaire d'immobiliser une partie des capitaux avancés par la société Georges.

Le prix d'acquisition, exprimé en euro, s'élève à 24 000 × 1,54 = 36 960 €.

La TVA due s'élève à 36 960 × 19,6 % = 7 244,16 €.

	15.3.N		
2154 44566 404 4452	Matériel industriel État, TVA déductible sur autres biens et services Fournisseurs d'immobilisations État, TVA due intra-communautaire *Acquisition en participation avec Georges d'un matériel industriel en Grande Bretagne*	36 960 7 244,16	 36 960 7 244,16
458 178	Société Georges, opérations faites en commun Dettes rattachées à des sociétés en participation *36 960 × 50 %*	18 480	 18 480

b) Écritures de fin d'exercice

On comptabilisera l'amortissement, la quote-part des capitaux à ne plus immobiliser du fait de la baisse de valeur du matériel dû à cet amortissement et la quote-part de bénéfice transféré à l'associé.

	31.12.N		
6811 28154	Dotations aux amortissements des immobilisations Amortissements du matériel industriel *36 960 × 20 % × 9,5 / 12*	5 852	 5 852
178 458	Dettes rattachées des sociétés en participation Société Georges, opérations faites en commun *5 852 × 50 %*	2 926	 2 926
6551 458	Quote-part de résultat sur opérations faites en commun (quote-part de bénéfice transféré) Société Georges, opérations faites en commun *(38 000 − 25 000 − 5 852) × 50 %*	3 574	 3 574

3. Opérations faites avec la succursale indienne

À partir des informations données, on peut reconstituer le compte de résultat de la succursale (en en roupie indienne) :

Charges	Montants	Produits	Montants
Achats	414 000	Ventes	920 000
Locations 16 100 × 3	48 300		
Autres charges externes	59 000		
Salaires et charges 105 915× 3	317 745		
Résultat	80 955		
	920 000		920 000

Le bilan (en roupie indienne) de la succursale pourra être présenté comme suit, le compte banque étant déterminé par différence.

ACTIF	Montants	PASSIF	Montants
Agencements Clients Banque	223 100 287 500 414 511	Siège social : 26 000 × 100 / 3,08 Résultat	 844 156 80 955
	925 111		925 111

Dans les livres comptables du siège on va d'abord reprendre les comptes de la succursale, sur la base de 3,07 sauf pour les immobilisations qui dégageront un gain de change de 223 100 (3,12 – 3,07) / 100 = 112 €. On annulera ensuite les comptes réciproques (Siège et Succursale) et Achats et Ventes.

	31.5.N		
2181	Agencements *223 100 × 3,12 %*	6 961	
607	Achats *414 000 × 3,07 %*	12 710	
613	Locations *48 300 × 3,07 %*	1 483	
62	Autres charges externes *59 000× 3,07 %*	1 811	
64	Salaires *317 745 × 3,07 %*	9 755	
411	Clients *287 500× 3,07 %*	8 826	
512	Banque *414 511× 3,07 %*	12 725	
707	Ventes *920 000 × 3,07 %*		28 244
1811	Siège *844 156 × 3,07 %*		25 915
766	Gains de change		112
	Reprise des comptes de résultat et de bilan de la succursale		
1811	Siège	25 915	
666	Pertes de change	85	
1812	Succursale		26 000
	Solde comptes réciproques succursale (tenu par la société Danielle) et siège (repris de la succursale)		
707	Ventes *414 000 × 3,08 %*	12 751	
607	Achats 414 000 × 3,07 %		12 710
766	Gains de change		41
	Élimination opérations internes		

4. Opérations réalisées pour le compte d'un commettant

Écritures dans la société Danielle

	15.4.N		
4726	Débours pour le compte de tiers	1 435,20	
401	Fournisseurs		1 435,20
	Facture de transport 1 200 × 1,196		

	16.4.N		
411	Clients	35 880	
4727	Recettes pour le compte de tiers		35 880
	Facture de vente 30 000 × 1,196		

	18.4.N		
4727	Recettes pour le compte de tiers	35 880	
4726	Débours pour le compte de tiers		1 435,20
7082	Commissions et courtages		900
44571	TVA collectée		176,40
467	Commettant Emile		33 368,40
	Compte de vente et net produit		

Écritures dans la société Emile

	19.4.N		
467	Commissionnaire Emilie	33 368,40	
6222	Commissions et courtages sur ventes	900	
6242	Transports sur ventes	1 200	
44566	État, TVA déductible sur autres biens et services 176,40 + 235,20	411,60	
707	Ventes de marchandises		30 000
44571	État, TVA collectée		5 880
	Compte de vente et net produit		

3

CHAPITRE

Opérations de fusion

APPLICATION 10

Évaluation et fusion

Calcul de la valeur mathématique de l'action Laurence

Actifs

• Terrains	6 000
• Constructions	80 000
• Matériels	60 000
• Autres immobilisations	10 000
• Stocks	60 000
• Créances	50 000
• Liquidités	5 000
	271 000

Passifs exigibles

• Dettes	101 000
• Impôts sur plus-values	10 000
	111 000

Actif net corrigé : 271 000 – 111 000160 000

Valeur mathématique (le capital de la société Laurence est composé de 500 actions) : 160 000 / 500 = 320 €.

Calcul de la valeur de rendement de l'action Laurence

Rendement par action : 12 000 / 500 = 24

Valeur de rendement : 24 / 0,06 = 400 €

Valeur retenue pour l'action Laurence

$$\frac{320 + 400}{2} = 360 \text{ €}$$

La valeur de la société Laurence est fixée à 360 × 500 = 180 000 € et le *goodwill* s'élève à 180 000 – 160 000 = 20 000 €.

Détermination de l'augmentation de capital de la société Bénédicte

Parité d'échange des titres : 6 actions de la société Bénédicte (valeur unitaire 60 €) contre 1 action de la société Laurence.

Nombre de titres à rémunérer : 500 – 100 = 400.

Si la valeur nominale de l'action Bénédicte est de 40 € (donnée non précisée par l'énoncé), l'augmentation de capital sera de : 400 × 6 = 2 400 actions soit 2 400 × 40 € = 96 000 €.

Écritures comptables

Au moment de la fusion, la société Bénédicte n'a pas le contrôle de la société Laurence : elle n'est propriétaire que de 20 % du capital (100 actions sur 500) ; l'apport doit donc être comptabilisé à la valeur réelle.

	1.1.N+1		
456	Société Laurence	180 000	
101	Capital social		96 000
1042	Prime de fusion		69 000
261	Titres de participation		15 000
	Absorption de la société Laurence		
	Prime de fusion = 2 400 (60 – 40) + 100 × 360 – 15 000		
207	Fonds commercial	20 000	
211	Terrains	6 000	
213	Constructions	80 000	
215	Matériels	60 000	
218	Autres immobilisations	10 000	
3	Stocks	60 000	
4	Créances	50 000	
5	Liquidités	5 000	
155	Provisions pour impôts		10 000
4	Dettes		101 000
456	Société Laurence		180 000
	Réalisation de l'absorption		

Écritures comptables dans le cas où la société Bénédicte avait acquis 300 titres Laurence

Le nombre de titres à rémunérer serait de 500 – 300 = 200.

Augmentation de capital : 200 × 6 = 1 200 actions soit 1 200 × 40 € = 48 000 €.

Les apports doivent être comptabilisés à la valeur comptable soit 234 000 – 101 000 = 133 000 €.

On aurait les écritures suivantes :

	1.1.N+1		
456	Société Laurence	133 000	
101	Capital social		48 000
1042	Prime de fusion		40 000
261	Titres de participation		45 000
	Absorption de la société Laurence		
	Prime de fusion = 133 000 – 48 000 – 45 000		

211	Terrains	5 000	
213	Constructions	60 000	
215	Matériels	55 000	
218	Autres immobilisations	7 000	
3	Stocks	52 000	
4	Créances	50 000	
5	Liquidités	5 000	
4	Dettes		101 000
456	Société Laurence		133 000
	Réalisation de l'absorption		

APPLICATION 11

Fusion-absorption

1. Analyse du contrat de crédit-bail et justification valeur patrimoniale retenue

- Valeur du bien au 31 décembre N–1 : $400\,000 \times \frac{7}{10} = 280\,000$.
- Reste à rembourser au 31 décembre N–1
  - annuité théorique : $400\,000 \times \frac{0,10}{1 - 1,10^{-8}} = 74\,977$ arrondis à 75 000 ;
  - capital remboursé : $(75\,000 - 400\,000 \times 10\,\%) \times \frac{1,10^3 - 1}{0,10} = 115\,850$;
  - reste à rembourser : 400 000 – 115 850 = 284 150 ;
  - valeur patrimoniale théorique : 280 000 – 284 150 = – 4 150 soit en fait 0.

2. Calcul de la valeur du fonds de commerce de la société Paulin

a) Résultat courant corrigé correspondant aux capitaux permanents nécessaires à l'exploitation

• Résultat courant	216 700
• Amortissement bien en crédit-bail : 400 000 × 10 % =	– 40 000
• Redevance de crédit-bail réintégrée	75 000
	251 700
• Impôt correspondant : 251 700 × 33 1/3 % =	83 900
	167 800

b) Calcul des capitaux permanents nécessaires à l'exploitation

• Éléments d'actifs immobilisés nécessaires à l'exploitation	
– Terrains	120 000
– Constructions	520 000
– Installations techniques matériels et outillages industriels	900 000
– Autres immobilisations corporelles	40 000
– Dépôts et cautionnements	40 000
	1 620 000

– Crédit-bail	280 000
	1 900 000

• Détermination du besoin de fonds de roulement nécessaire à l'exploitation

Éléments d'actif circulant	
– Stocks	600 000
– Créances clients	656 800
– Autres créances	124 600
– Liquidités	24 400
	1 405 800

Éléments de passif	
– Provisions (50 000 – 3 200)	46 800
– Fournisseurs	690 400
– Autres dettes	198 700
– Dettes fiscales	232 800
	1 168 300

FRNE : 1 405 800 – 1 168 300 = 237 500

CPNE : 1 900 000 + 237 500 = 2 137 500

• Détermination du *goodwill*

$$GW = (167\,800 - 2\,137\,500 \times 6\,\%)\ \frac{1 - 1{,}12^{-5}}{0{,}12} = 142\,568 \text{ arrondis à } 142\,500\ €.$$

3. Évaluation des titres et détermination de l'augmentation de capital

a) Valeur société Paulin

La valeur de la société Paulin est donc de

– Actif immobilisé : 1 620 000 + 142 500 =	1 762 500
– Actif circulant	1 405 800
– Passif	– 1 168 300
	2 000 000

La valeur du titre Paulin est donc de 2 000 000 / 20 000 = 100 €

b) Valeur société Cyrille

• Actif

– Frais de recherche et de développement	40 000
– Fonds commercial	1 000 000
– Terrains	120 000
– Constructions	720 000
– Installations matériels et outillages industriels	1 026 400
– Autres immobilisations corporelles	70 000
– Titres 4 000 ×100	400 000
– Stocks	691 200
– Créances clients	996 200
– Autres créances	171 200
– Liquidités	27 400
	5 262 400

• Passif

– Fournisseurs	733 600
– Autres dettes	206 800
– Provisions (111 600 – 5 000)	106 600
– Dettes fiscales	215 400
	1 262 400

Montant net : 5 262 400 – 1 262 400 = 4 000 000.

Valeur de l'action Cyrille : 4 000 000 / 5 000 = 800 €

c) La parité d'échange est donc de 800 / 100 = 8 actions Paulin pour 1 action Cyrille

d) L'augmentation de capital de Cyrille sera donc de :

$20\,000 \times 80\ \% \times \frac{1}{8}$ = 2 000 actions à 200 € soit 400 000 €

4. Écritures société Cyrille

La société Cyrille n'assurant pas le contrôle de la société Paulin, les apports seront constatés à la valeur réelle.

	1.1.N		
456	Société Paulin	2 000 000	
101	Capital social		400 000
1042	Prime de fusion		1 320 000
	2 000 × 600 + (400 000 – 280 000)		
261	Titres de participation		280 000
	Augmentation capital suite à fusion Paulin		
207	Fonds commercial	142 500	
211	Terrains	120 000	
213	Constructions	520 000	
215	Installations techniques, matériels et outillages	900 000	
218	Autres immobilisations	40 000	
27	Dépôts et cautionnements	40 000	
3	Stocks	600 000	
41	Clients	660 000	
4	Autres créances	124 600	
51	Liquidités	24 400	
151	Provisions pour risques		46 800
155	Provisions pour impôts		232 800
491	Dépréciation comptes clients		3 200
401	Fournisseurs		690 400
4	Autres dettes		198 300
456	Société Paulin		2 000 000
	Apport Paulin		
1042	Prime de fusion	16 000	
155	Provision pour impôt *24 000 × 33 1/3 %*	8 000	
1431	Provisions pour hausse de prix		24 000
	Reprise provision et imputation sur la prime de fusion		

5. Écritures société Paulin

Compte	Libellé	Débit	Crédit
	1.1.N		
456	Société Cyrille	2 000 000	
151	Provisions pour risques	46 800	
155	Provisions pour impôts	232 800	
491	Dépréciation des comptes clients	3 200	
401	Fournisseurs	690 400	
4	Autres dettes	198 300	
775	Produits des cessions d'éléments d'actif 142 500 + 120 000 + 520 000 + 900 000 + 40 000		1 722 500
275	Dépôts et cautionnements		40 000
707	Ventes de produits et marchandises		600 000
411	Clients		660 000
4	Autres créances		124 600
51	Liquidités		24 400
	Reprise société Paulin		
675	Valeur comptable des éléments d'actif cédés	1 203 600	
2801	Amortissements des frais d'établissement	9 600	
2803	Amortissements des frais de recherche et développement	12 200	
2813	Amortissements des constructions	134 000	
2815	Amortissements des installations, matériels et outillages	530 000	
2818	Amortissements des autres immobilisations corporelles	62 600	
201	Frais d'établissement		18 000
203	Frais de recherche et de développement		24 000
211	Terrains		90 000
213	Constructions		500 000
215	Installations techniques, matériels et outillages		1 220 000
218	Autres immobilisations corporelles		100 000
	Valeur nette comptable		
603	Variation de stock	540 000	
3	Stocks		540 000
	Stock vendu		
391	Dépréciation des stocks	10 000	
7817	Reprise sur dépréciation de l'actif circulant		10 000
	Reprise		
6875	Dotations aux provisions exceptionnelles	232 800	
155	Provisions pour impôt		232 800
	Provision pour impôt sur les opérations de fusion		
14	Provisions réglementées	282 000	
7872	Reprises sur provisions réglementées		282 000
	Reprise		

477	Différence de conversion passif	4 400	
766	Gains de change		4 400
	Écart de conversion constaté		
666	Perte de change	3 200	
476	Différence de conversion actif		3 200
	Écart de conversion constaté		
1515	Provisions pour pertes de change	3 200	
7865	Reprises sur provisions financières		3 200
	Reprise		
707	Ventes	600 000	
766	Gains de change	4 400	
775	Produits des cessions éléments d'actif	1 722 500	
7817	Reprises sur dépréciation des actifs circulant	10 000	
7865	Reprises sur provisions financières	3 200	
7872	Reprises sur provisions réglementées	282 000	
121	Résultat de liquidation		2 622 100
	Centralisation produits		
121	Résultat de liquidation	1 979 600	
603	Variation de stock		540 000
666	Pertes de change		3 200
675	Valeur comptable des éléments d'actif cédés		1 203 600
6875	Dotations aux provisions exceptionnelles		232 800
	Centralisation charges		
50	Titres Cyrille	1 600 000	
456	Société Cyrille		1 600 000
	Remise 2 000 titres à 800		
101	Capital social	800 000	
1061	Réserve légale	60 000	
1068	Autres réserves	371 500	
120	Résultat de l'exercice	126 000	
121	Résultat de liquidation *2 622 100 – 1 979 600*	642 500	
456	Société Cyrille (20 %)		400 000
46	Autres actionnaires (80 %)		1 600 000
	Partage		
46	Autres actionnaires	1 600 000	
50	Titres Cyrille		1 600 000
	Remise titres		

APPLICATION 12

Aspects juridiques et fiscaux de la fusion et de l'apport partiel d'actif

Question 1 : Opérations d'apport partiel d'actif et de fusion

L'opération de restructuration envisagée comprend un apport partiel d'actif de la société Louis et une fusion avec la société en nom collectif Lucie.

Selon l'article 210 B du CGI, l'apport partiel d'actif bénéficie de plein droit du régime fiscal des fusions lorsque l'apport porte sur une branche autonome d'activité apporteuse s'engage dans l'acte d'apport à conserver pendant cinq ans les titres reçus en contrepartie de l'apport et si cette société s'engage également, en cas de cession ultérieure des titres, à calculer la plus-value de cession par rapport à la valeur que les biens apportés avaient fiscalement dans leurs propres écritures. Dans le cas où ces conditions ne sont pas remplies (par exemple, si l'on considère que l'apport de « l'ensemble industriel » ne correspond pas à une branche complète et autonome d'activité), le régime de faveur ne peut s'appliquer qu'avec l'agrément préalable du ministre du budget.

Le régime des fusions (articles 210 C-1 et 816-1 du CGI) s'applique aux opérations auxquelles participent exclusivement des personnes morales ou organismes passibles de l'impôt sur les sociétés. Sont notamment susceptibles de bénéficier du régime de fusion les opérations auxquelles participent notamment des sociétés en nom collectif ayant opté pour l'impôt sur les sociétés. Aucun agrément n'est nécessaire à ce niveau.

Dans le cas où l'agrément ne peut être donné et que l'apport de la société Louis ne remplisse pas les conditions de l'article 210 B, l'apport est soumis aux droits de mutation correspondants à l'apport en société (apports purs et simples, apports à titre onéreux – 4,8 % ou 230 €). Si l'apport bénéficie de l'agrément ou de la dispense d'agrément, le droit d'enregistrement est de 230 €, sauf en ce qui concerne les apports à titre onéreux autres que la prise en charge du passif de la société bénéficiaire de l'apport.

Question 2 : Plus-values constatées et impôt

Tableau des plus-values fiscales réalisées sur l'actif immobilisé de la société Lucie :

	Valeurs comptables	Valeurs réelles	Plus-values
Fonds de commerce	500 000	800 000	300 000
Terrains	800 000	1 000 000	200 000
Constructions	4 000 000	4 800 000	800 000
Matériels	1 200 000	1 300 000	100 000
Autres immobilisations	300 000	570 000	270 000
Total	6 800 000	8 470 000	1 670 000

Si le régime de faveur est appliqué, ne seront imposées (de manière différée) que les plus-values sur :

– les constructions	800 000
– les matériels	100 000
– les autres immobilisations	270 000
	1 170 000
auxquelles il faudra rajouter :	
– les amortissements dérogatoires	420 000
	1 590 000

Les frais d'établissement non amortis pourront être déduits du résultat fiscal : 150 000

Le résultat fiscal résultant de la fusion est donc de : 1 590 000 – 150 000 = 1 440 000 ce qui correspond à un impôt de 1 440 000 × 33 1/3 % = 480 000 € (qui pourra être étalé sur plusieurs années)

Question 3 : Imposition des plus-values

Dans le cadre de l'option pour le régime régi par l'article 210 A du Code général des impôts, l'imposition des plus-values est réglementée de la manière suivante :

- les plus-values nettes et les profits dégagés sur l'ensemble des éléments d'actif apportés du fait d'une fusion ne sont pas soumis à l'impôt sur les sociétés. Il en est de même de la plus-value éventuellement dégagée par la société absorbante lors de l'annulation des actions ou parts de son propre capital qu'elle reçoit ou qui correspondent à ses droits dans la société absorbée ;
- la société absorbante doit se substituer à la société absorbée pour la réintégration des résultats dont la prise en compte avait été différée pour l'imposition de cette dernière ;
- la société absorbante doit calculer les plus-values réalisées ultérieurement à l'occasion de la cession des immobilisations non amortissables qui lui sont apportées d'après la valeur qu'elles avaient, du point de vue fiscal, dans les écritures de la société absorbée ;
- la société absorbante doit réintégrer dans ses bénéfices imposables les plus-values dégagées lors de l'apport des biens amortissables. La réintégration des plus-values est effectuée par parts égales sur une période de quinze ans pour les constructions et les droits qui se rapportent à des constructions ainsi que pour les plantations et les agencements et aménagements des terrains amortissables sur une période au moins égale à cette durée ; dans les autres cas, la réintégration s'effectue par parts égales sur une période de cinq ans. Lorsque le total des plus-values nettes sur les constructions, les plantations et les agencements et aménagements des terrains excède 90 p. 100 de la plus-value nette globale sur éléments amortissables, la réintégration des plus-values afférentes aux constructions, aux plantations et aux agencements et aménagements des terrains est effectuée par parts égales sur une période égale à la durée moyenne pondérée d'amortissement de ces biens.

Pour épuiser rapidement son déficit reportable, la société Lazare pourrait ne pas opter pour le report de la plus-value sur autres immobilisations amortissables soit sur 270 000 €. Elle compenserait ainsi ses déficits reportables (120 000 €) et les frais d'établissement non amortis (150 000 €) et n'aurait pas à réintégrer, au cours des années suivantes, les plus-values dégagées. Toutefois, cette mesure, qui pouvait être intéressante lorsque les déficits fiscaux n'étaient déductibles que dans une période de cinq ans, n'a plus aucun intérêt dans le cas présent (la loi de finances pour 2004 autorisant un report illimité des déficits).

Question 4 : Conséquences fiscales de la cession

La cession d'un bien amortissable entraîne l'imposition immédiate de la fraction de la plus-value afférente à ce bien qui n'a pas encore été réintégrée. En contrepartie, les amortissements et les plus-values ultérieurs afférents aux éléments amortissables sont calculés d'après la valeur qui leur a été attribuée lors de l'apport.

Au 30 juin N+1, la quote-part de la plus-value non encore réintégrée est de (210 000 – 150 000) × 3,5 / 5 = 42 000 €.

Au 30 juin N+1, la valeur nette comptable de l'installation est de 210 000 – 210 000 × 1,5 / 5 = 147 000 € .

Le prix de cession étant de 180 000 €, la plus-value dégagée est de 180 000 – 147 000 = 33 000 €, à laquelle il faut rajouter la plus-value de fusion non réintégrée, ce qui donne une plus-value totale de 33 000 + 42 000 = 75 000 €.

Question 5 : Reconstitution des provisions réglementées

Conformément à l'article 210 A du CGI, la société absorbante doit reprendre à son passif les provisions dont l'imposition est différée. En cas d'impossibilité, ces provisions deviennent immédiatement imposables.

Question 6 : Analyse des stocks

Toujours conformément à l'article 210 A (al. e) du CGI, la société absorbante doit inscrire à son bilan les éléments autres que les immobilisations pour la valeur qu'ils avaient, du point de vue fiscal, dans les écritures de la société absorbée. À défaut, elle doit comprendre dans ses résultats de l'exercice au cours duquel intervient l'opération le profit correspondant à la différence entre la nouvelle valeur de ces éléments et la valeur qu'ils avaient, du point de vue fiscal, dans les écritures de la société absorbée.

Ainsi, si elle inscrit à son bilan les stocks pour une valeur de 3 000 k€ (les 150 k€ de différence étant inscrits dans un compte d'ordre), la plus-value sur ceux-ci ne sera imposée qu'au moment de la cession des dits stocks. Si les stocks sont inscrits pour 3 150 k€, la plus-value de 150 k€ sera imposée à la fin de l'exercice N.

Question 7 : Nomination des commissaires aux apports

L'article L. 236-22 du Code de commerce relatif à l'apport partiel d'actif stipule que la société qui apporte son actif à une autre société et la société qui bénéficie de cet apport peuvent décider d'un commun accord de soumettre l'opération aux dispositions de ladite loi relatives aux fusions et aux scissions.

L'article 378 de la loi de 1966, antérieur à la loi du 11 février 1994 relative à l'initiative et à l'entreprise individuelle, imposait en cas de fusion de deux ou plusieurs sociétés anonymes, l'approbation par l'assemblée générale extraordinaire de la société absorbante de l'évaluation des apports en nature réalisés par des commissaires aux apports. Désormais, cette obligation a été supprimée (article 15-1 de la loi du 11 février 1994) et ce rapport sur la valeur des apports en nature et avantages particuliers est établi par les commissaires à la fusion, en même temps que le rapport sur les modalités de la fusion prescrit par l'article L. 236-10 du Code de commerce. L'assemblée générale extraordinaire ne se prononce plus sur les apports en nature, mais seulement sur la fusion elle-même.

En conséquence, si, pour l'apport partiel d'actif, il y a option pour le régime des fusions (conformément à l'article L. 236-22), aucun commissaire aux apports ne devra intervenir et seul le commissaire à la fusion interviendra. Si l'option n'est pas prise, un commissaire aux apports devra intervenir.

D'autre part, faute de texte le prévoyant expressément, la fusion entre une société anonyme et une société en nom collectif ne nécessite pas (voir Francis Lefebvre sociétés § n° 3480) l'intervention d'un commissaire à la fusion. Un commissaire aux apports devra intervenir dans ce cas.

Qu'il s'agisse d'un commissaire à la fusion ou d'un commissaire aux apports, ces derniers sont désignés par décision de justice par le président du tribunal de commerce et sont soumis aux incompatibilités prévues par les articles L. 822-10 et L. 822-11 du Code de commerce. Comme cette loi prévoit que les personnes qui perçoivent une rémunération des diverses sociétés en cause des rémunérations pour d'autres activités, le commissaire aux comptes de l'une des sociétés intéressées ne peut être nommé ni commissaire à la fusion, ni commissaire aux apports.

Question 8 : Réunion de l'assemblée des actionnaires

Le commissaire aux apports est désigné par décision de justice (article L. 225-147 du Code de commerce) et non par les actionnaires. Il doit établir sous sa responsabilité un rapport sur l'évaluation des apports en nature. Dans ce rapport, il doit (article 64-1 du décret du 23 mars 1967) décrire chacun des apports, indiquer le mode d'évaluation adopté et les raisons pour lesquelles il a été retenu et affirmer que la valeur des apports correspond au moins au montant du capital social augmenté de la prime d'émission.

Cette certification exclut donc les apports potentiels.

Question 9 : Participation à 60 % de la société Lazare

La société Lucie étant une société anonyme, conformément à l'article L. 236-10 du Code de commerce, un (ou plusieurs) commissaires à la fusion devront être désignés.

Par ailleurs, l'apport devra être effectué à la valeur comptable (soit pour 3 000 000 + 1 900 000 + 200 000 = 4 100 000 €). Le régime de faveur devra être appliqué et les provisions réglementées reprises. Tous les éléments composant l'actif comptable (y compris les frais d'établissement et les écart de conversion) seront repris. Par contre, on n'est pas obligé de reprendre les amortissements dérogatoires, lesquels seront déduits extra-comptablement, lorsque, reconstitués chez l'absorbante, ces amortissements sont réintégrés dans l'assiette imposable dans les mêmes conditions que l'aurait fait la société absorbée[1].

Question 10 : Participation à 100 % de la société Lazare

Il s'agit ici d'une fusion dite simplifiée. L'apport sera constaté à la valeur comptable, comme dans la question précédente. Il n'y a lieu, conformément à l'article 236-11 du Code de commerce, ni à approbation de la fusion par l'assemblée générale extraordinaire des sociétés

(1) Il est à noter que l'instruction BOI 4-I-1-05 du 30 décembre 2005 n'impose pas de reprendre les amortissements dérogatoires, mais ne l'interdit pas, en précisant que (§ 14) « Par ailleurs, il est rappelé que, conformément à la position exprimée lors du Comité fiscal de la mission d'organisation administrative du 31 janvier 1994, le produit lié à la reprise chez l'absorbée d'une provision pour amortissements dérogatoires peut être déduit extra-comptablement, en cas de fusion aux valeurs comptables placée sous le régime spécial de l'article 210 A, lorsque, reconstitués chez l'absorbante ces amortissements sont réintégrés dans l'assiette imposable dans les mêmes conditions que l'aurait fait la société absorbée ».

absorbées ni à l'établissement du rapport du conseil d'administration de la société absorbante sur la fusion, ni à l'établissement d'un rapport établi par un commissaire à la fusion. L'assemblée générale extraordinaire de la société absorbante statuera au vu du rapport d'un commissaire aux apports, conformément aux dispositions de l'article L. 225-147 du Code de commerce.

APPLICATION 13

Fusions de sociétés

1. Détermination des valeurs de chacune des sociétés

a) Société Laure

Analyse des valeurs de l'actif immobilisé

La valeur de la marque peut être estimée à la valeur actuelle des surplus restant à percevoir actualisés au taux de 10 %

Valeur de la marque : $220 \times \frac{1 - 1{,}10^{-9}}{0{,}10} = 1\ 267$ k€

Il y a lieu ensuite de déterminer les valeurs des immobilisations corporelles et de dégager (pour déterminer plus loin l'effet fiscal) les différents types de plus-values. On distinguera les éléments d'exploitation des éléments hors exploitation d'une part et les plus-values sur biens non amortissables et les plus-values sur biens amortissables, d'autre part.

	Valeur comptable	Valeur vénale	Plus-values sur biens non amortissables	Plus-values sur biens amortissables
Terrains hors exploitation	500	700	200	
Constructions hors exploitation	1 600	2 200		600
Terrain d'exploitation	1 000	1 300	300	
Construction d'exploitation	2 200	3 200		1 000
Installations, matériels et outillages	2 900	3 800		900
Autres immobilisations	2 070	2 200		130
	10 270	13 400	500	2 630

La valeur des immobilisations financières peut être estimée à la valeur actuelle des prêts et de leurs intérêts 2 %:

soit : $500 \times (1{,}10)^{-10} + 2\ \% \times \frac{1 - 1{,}10^{-10}}{0{,}10} = 254$ k€.

Il y a lieu ensuite de déterminer les différentes valeurs du bien en crédit-bail.

$$\text{Valeur d'acquisition} = 120 \times \frac{1 - 1{,}03^{-32}}{0{,}03} \times (1{,}03) + 77{,}12 \times (1{,}03^{-32}) = 2\,550 \text{ k€}$$

« Amortissements » = 2 550 × 3,5/ 15 = 595 k€

« Valeur nette comptable » (en cas d'acquisition en pleine propriété) 2 550 – 595 = 1 955 k€.

Capital restant à rembourser (en cas d'emprunt) :

$$2\,550 - 120 - (120 - 2\,430 \times 3\,\%) \times \frac{1{,}03^{14} - 1}{0{,}03} = 1\,625 \text{ k€}$$

Plus-value sur cession du contrat : 1 955 – 1 625 = 330 k€

Détermination des capitaux permanents nécessaires à l'exploitation et analyse du résultat correspondant

Valeur substantielle immobilisée

• Marque	1 267
• Terrains et constructions d'exploitation	4 500
• Installations techniques, matériels	3 800
• Autres immobilisations	2 200
• Immobilisations financières	254
• Crédit-bail	1 955
	13 976

Les capitaux permanents nécessaires à l'exploitation sont donc de :
13 976 + 3 684 = 17 660 k€

Analyse du résultat correspondant

• Résultat courant(1)	1 800
• Charges financières à long terme	+ 300
• Redevance de crédit-bail	+ 480
• Amortissement du bien en crédit-bail : 2 550 ⁄15 =	– 170
• Amortissements des constructions hors exploitation 400 ⁄4 =	+ 100
• Produits hors exploitation	– 300
• Charges hors exploitation	+ 40
	2 250

Après impôt, le résultat est de 2 250 – 2 250 × 33 1⁄3 % = 1 500 k€

Calcul du goodwill

$$GW = (1\,500 - 17\,660 \times 7\,\%) \times \frac{1 - 1{,}10^{-5}}{0{,}10} = 1\,000 \text{ k€}$$

(1) Les amortissements qui ont permis la détermination de ce résultat courant ont été calculés sur la valeur d'origine. On aurait pu calculer ces amortissements sur la valeur réévaluée (mais peut-être que la durée eut été modifiée !).

Détermination de la fiscalité différée

• Plus-values sur biens amortissables (voir tableau ci-dessus)	2 630
• Plus-value sur terrain hors exploitation	200
• Stocks : 3 700 – 3 400 =	300
• Frais d'établissement	– 240
• Marque : 1 267 – 900 =	367
• Prêt : 500 – 254 =	– 246
• Crédit-bail	330
• Provision pour hausse de prix	950
• Amortissements dérogatoires	1 520
	5 811

Fiscalité différée : 5 811 × 33 1/3 % = 1 937 k€

Détermination de la « valeur » de la société Laure

Actif

• Marque	1 267
• Immobilisations corporelles	13 400
• Prêt	254
• Crédit-bail	330
• *Goodwill*	1 000
• Stocks	3 700
• Créances clients	1 660
• Autres créances	450
• Disponibilité	620
	22 681

Passif

• Fiscalité différée	1 937
• Provisions : 220 – 40 =	180
• Dettes	8 564
	10 681

La valeur de la société Laure peut donc être estimée à 22 681 – 10 681 = **12 000** k€.

b) Société Liliane

Détermination de la fiscalité différée

• Plus-value sur constructions 10 000 – 4 000	6 000
• Plus-value sur matériel : 6 000 – 2 700 =	3 300
• Amortissements dérogatoires	2 300
• Provisions pour hausse de prix	520
• Stocks : 13 200 – 12 300 =	900
	13 020

13 020 × 33 1/3 % = 4 340 k€

Calcul de la « valeur » de la société Liliane

• Logiciel	200
• Fonds de commerce	4 500
• Terrains	4 000
• Constructions	10 000
• Matériels et autres immobilisations	6 000
• Stocks	13 200
• Titres Laure : 12 000 × 60 % =	7 200
• Créances clients	8 650
• Autres créances	1 700
• Disponibilités	800
	56 250
• Fiscalité différée	4 340
• Provisions	985
• Dettes	13 425
	18 750

Valeur nette de la société Liliane : 56 250 – 18 750 = **37 500** k€.

c) Société Lydéric

Fiscalité différée

Plus-value sur immobilisations amortissables	3 300
Stocks : 3 900 – 3 600 =	300
Provisions pour hausse de prix	900
	4 500

4 500 × 33 1/3 % = 1 500 k€.

Calcul de la « valeur » de la société Lydéric

Fonds de commerce	2 000
Immobilisations corporelles	5 950
2 900 + 200 + 3 300 – 450	
Participations : 37 500 × 5 % =	1 875
Stocks	3 900
Clients	1 200
Autres créances	800
Disponibilités	100
	15 825
Fiscalité différée	1 500
Provisions	865
Dettes	5 660
	8 025

Valeur nette : 15 825 – 8 025 = **7 800** k€.

d) Détermination des parités et augmentation de capital

Valeur des titres Liliane : $\frac{37\ 500\ 000}{50\ 000} = 750$ €

Valeur des titres Laure : $\frac{12\ 000\ 000}{6\ 000} = 2\ 000$ €

Valeur des titres Lydéric : $\frac{7\ 800\ 000}{6\ 500} = 1\ 200$ €

Parités : Laure / Liliane $= \frac{2\ 000}{750} = \frac{8}{3}$

Lydéric / Liliane $= \frac{1200}{750} = \frac{8}{5}$

e) Nombre de titres à émettre

– Absorption de Laure : 6 000 × 40 % (minoritaires) × 8/3 =	6 400
– Absorption de Lydéric : 6 500 × 8/5 =	10 400
– Déduire : 50 000 × 5 % (titres Liliane possédés par Lydéric)	– 2 500
	14 300

Il faut donc émettre **14 300** titres Liliane

2. Comptabilisation

Les sociétés Liliane et Laure sont sous contrôle commun. En effet, la société Liliane est titulaire de 60 % de la société Laure et les actionnaires qui contrôlent la société Liliane contrôlent également la société Laure. L'absorption de la société Laure par la société Liliane se fera donc à la valeur comptable.

Les sociétés Liliane et Lydéric sont sous contrôle distinct. En effet, la société Lyderic ne possède que 5 % du capital de Liliane et ne peut à ce titre être considérée comme assumant le contrôle de la société Liliane. L'absorption de la société Lyderic par la société Liliane se fera donc à la valeur réelle.

a) Écritures dans la société Liliane

	1.1.N+1		
4563	Société Laure, compte d'augmentation de capital	9 246	
101	Capital *(6 400 actions)*		1 280
1042	Prime de fusion (proprement dite) *9 246 × 40 % – 1 280*		2 418
1042	Prime de fusion (boni de fusion) *9 246 × 60 % – 1 800[a]*		3 748
261	Titres de participation		1 800
	Apport Laure (à la valeur comptable)		
201	Frais d'établissement	600	
205	Concessions marques	1 500	
211	Terrains	1 500	
213	Constructions	5 000	
215	Installations techniques, matériels et outillage	6 000	
218	Autres immobilisations	3 000	

274	Prêts	600	
3.	Stocks	3 400	
411	Clients	1 660	
46	Autres débiteurs	450	
5.	Disponibilités	620	
476	Différence de conversion – Actif	40	
2801	Amortissements des frais d'établissement		360
2805	Amortissements des concessions, marques		600
2813	Amortissements des constructions		1 200
2815	Amortissements des installations, matériels et outillages		3 100
2818	Amortissements des autres immobilisations		930
151	Provisions		220
39.	Dépréciation des stocks		100
4.	Dettes		8 564
477	Différence de conversion – Passif		50
4563	Société, Laure, compte d'augmentation de capital		9 246
	Réalisation de l'apport		
	———		
1042	Prime de fusion	1 390	
1424	Provisions pour investissement		440
1431	Provisions pour hausse des prix		950
	Reprise sur prime de fusion		

a. L'ensemble de ce boni de fusion pourrait être ainsi analysé si on ne peut connaître avec fiabilité la quote-part des résultats accumulés par la société absorbée depuis l'acquisition et non distribués :
– produits des participations (en considérant que l'augmentation de réserves correspond à des résultats accumulés non distribués) : (1 200 + 1 590 + 120 + 2 445 + 131 + 850 = 6 336 × 60 % – 1 800 = 2 002 ;
– boni de fusion proprement dit : (12 000 – 6 336) × 60 % = 3 398 ;
– mali technique (à déduire du boni de fusion proprement dit) : 12 000 × 60 % – 9 246 × 60 % = 1 652
ce qui donne un boni de fusion de 2 002 + 3 398 – 1 652 = 3 748.

	1.1.N+1		
4563	Société Lydéric, compte d'apport 7 800 – 1 875 (titres)	5 925	
101	Capital social *(1 580 actions)*		1 580
1042	Prime de fusion *(1 580 × 2 750)*		4 345
	Apport Lydéric (à la valeur réelle)		
	———		
207	Fonds de commerce	2 000	
21	Immobilisations corporelles	5 950	
3.	Stocks	3 900	
411	Clients	1 200	
46	Autres débiteurs	800	
5.	Disponibilités	100	
155	Provisions pour Impôts		1 500
151	Provisions		865
4.	Dettes		5 660
4563	Société Lydéric, compte d'apport		5 925
	Réalisation de l'apport		

1042	Prime de fusion	600	
155	Provision pour impôt	300	
	900 × 33 1/3 %		
1431	Provision pour hausse de prix		900
	Reprise sur prime de fusion		

b) Écritures dans la société Lydéric

456	Société Liliane	5 925	
15	Provisions	865	
695	Impôts sur les bénéfices	1 500	
4.	Dettes	5 660	
775	Produits des cessions d'éléments d'actif		7 950
	2 000 + 5 950		
701	Ventes de produits		3 900
411	Clients		1 200
46	Autres créances		800
5.	Disponibilités		100
	Absorption de Lydéric par Liliane – Dégagement fiscalité sur fusion		
281	Amortissements immobilisations	3 400	
675	Valeur comptable des éléments d'actif cédés	2 900	
21	Immobilisations corporelles		6 300
	Valeur comptable		
713	Variation de stock	3 600	
3.	Stocks et en cours		3 600
	Sortie de stock		
1431	Provisions pour hausse de prix	900	
145	Amortissements dérogatoires	450	
7872	Reprises sur provisions réglementées		1 350
	Reprises		
701	Ventes de produits	3 900	
775	Produits des cessions d'actif	7 950	
7872	Reprises sur provisions réglementées	1 350	
713	Variation de stock		3 600
121	Résultat de liquidation		9 600
	Centralisation des produits		
121	Résultat de liquidation	4 400	
675	Valeur comptable des éléments d'actif cédés		2 900
695	Impôts sur les bénéfices		1 500
	Centralisation des charges		

261 1052	Titres Liliane Écarts de réévaluation *Plus-value sur titres 1 875 – 1 300*	575	575
101 1052 1061 1068 120 121 46	Capital Écart de réévaluation Réserve légale Autres réserves Résultat de l'exercice Résultat de liquidation *9 600 – 4 400* Actionnaires *Affectation des droits*	1 300 575 130 82 513 5 200	7 800
261 456	Titres Liliane Société Liliane *Remise nouveaux titres par Liliane*	5 925	5 925
46 261	Actionnaires Titres Liliane *Remise aux actionnaires des Titres Liliane 5 925 + 1 875*	7 800	7 800

APPLICATION 14

Fusions de sociétés comportant des participations croisées

1. Évaluation des sociétés Bertrand, Manuel, Robert et Oreste

Soit M la valeur de la société Manuel, B la valeur de la société Bertrand et R la valeur de la société Robert

Société Manuel

• Immobilisations et *goodwill*	8 297
• Terrains	16 000
• Constructions	6 000
• Autres immobilisations corporelles	10 640
• Participations	0,05 R
• Stocks	12 620
• Créances	21 230
• Disponibilités	750
• Emprunts	– 22 640
• Dettes diverses	– 26 640
• Impôts différés	– 4 257
	0,05 R + 22 000

Société Bertrand

• Calcul de l'actif net comptable corrigé hors *goodwill*	
• Logiciels, brevets, licences	10 960
• Immobilisations corporelles	120 610
• Titres de participation	0,15 M
• Immobilisations financières	1 800
• Stocks	242 020
• Créances	291 340
• Valeurs mobilières	120
• Disponibilités	12 790
• Emprunts	– 158 120
• Dettes diverses	– 220 440
• Impôts différés	– 22 330
	0,15 M + 278 750

Calcul du *goodwill* :

$$Goodwill = (80\,000 - (0{,}15\ M + 278\,750) \times 8\ \%) \times \frac{1 - 1{,}10^{-5}}{0{,}10} = 218\,728 - 0{,}0454894\ M$$

Valeur de l'entreprise :

0,15 M + 278 750 + 218 728 – 0,0454894 M = 0,1045106 M + 497 478

Société Robert

• Capital	20 000
• Réserves et report à nouveau	600
• Résultat	9 160
• Comptes de régularisation passif	150
• (les comptes actifs ont été provisionnés)	
• Plus-values	11 390
• Impôts différés	– 4 300
• Plus-value sur titres Bertrand	0,01 B – 2 000
	0,01 B + 35 000

En définitive, on a les équations suivantes :

M = 0,05 R + 22 000

B = 0,1045106 M + 497 478

R = 0,01 B + 35 000

On trouvera R = 40 000 ; M = 24 000 ; B = 499 986

Comme M = 24 000 le *goodwill* de Robert sera de 218 728 – 0,0454894 × 24 000 = 217 636 arrondis à 217 650 et B seront arrondis à 500 000.

Société Oreste

• Immobilisations incorporelles	15 010
• Immobilisations corporelles	40 030
• Participations Robert : 40 000 × 80 %	32 000
• Participations Bertrand : 500 000 × 60 % =	300 000

• Participations Manuel : 24 000 × 35 % =	8 400
• Immobilisations financières	88 390
• Stocks	10 420
• Créances	165 940
• Valeurs mobilières	30
• Disponibilités	150
• Provisions pour risques : 790 – 750 =	– 40
• Emprunts	– 112 410
• Dettes diverses	– 226 820
• Impôts sur amortissements dérogatoires 3 300 × 33 1/3 % =	– 1 100
	320 000

La valeur de l'action Oreste sera donc de 320 000 000 / 1 000 000 = 320 €.

2. Écritures comptables société Oreste (en milliers d'euros)

Comme les sociétés Bertrand et Manuel sont contrôlées par la société Oreste (la société Oreste est propriétaire de 60 % du capital de la société Bertrand, de 35 % des titres de la société Manuel, la société Bertrand est propriétaire de 15 % de la société Manuel), les apports devront être comptabilisés à la valeur comptable.

La valeur comptable de Bertrand sera ainsi estimée :

• Immobilisations incorporelles : 134 100 – 29 140 =	104 960
• Immobilisations corporelles : 105 620 – 18 510 =	87 110
• Participations	2 700
• Immobilisations financières	1 800
• Stocks	242 020
• Créances	291 340
• Valeurs mobilières	120
• Disponibilités	12 790
	742 840
• Provision pour impôt (sur subventions et amortissements dérogatoires) : 37 200 × 33 1/3 % =	12 400
• Emprunts	158 120
• Dettes	220 440
	390 960
742 840 – 390 960 =	351 880

La valeur comptable de Manuel sera ainsi estimée :

• Immobilisations incorporelles :	1 510
• Immobilisations corporelles : 63 010 – 36 920 =	26 090
• Participations	1 200
• Stocks	12 620
• Créances	21 230
• Disponibilités	750
	63 400

• Provision pour impôt (sur subventions et amortissements dérogatoires) : 3 600 ×33 1/3 % =	1 200
• Emprunts	22 640
• Dettes	26 640
	50 480
63 400 – 50 480 =	12 920

On passera les écritures suivantes (les résultats accumulés n'étant pas déterminés de manière fiable, la totalité du boni de fusion sera comptabilisée dans le compte 1042) :

4561	Société Bertrand	351 880	
101	Capital social *500 000 × 40 % / 0,32 = 625 000 actions de 100 nominal*		62 500
261	Titres de participation		120 000
1042	Primes de fusion *(351 880 × 40 % – 62 500) + (351 880 × 60 % – 120 000)*		169 380
	Absorption société Bertrand		
4561	Société Manuel	12 920	
207	Fonds commercial – Mali technique de fusion *6 200 – 12 920 × 35 %*	1 678	
101	Capital social *24 000 × 65 % / 0,32 = 48 750 actions de 100 nominal*		4 875
261	Titres de participation		6 200
1042	Primes de fusion *12 920 × 65 % – 4 875*		3 523
	Absorption société Manuel		
20	Immobilisations incorporelles	104 960	
21	Immobilisations corporelles	87 110	
261	Participations	2 700	
27	Immobilisations financières	1 800	
3	Stocks	242 020	
4	Créances	291 340	
50	Valeurs mobilières	120	
51	Disponibilités	12 790	
155	Provisions pour impôts		12 400
16	Emprunts		158 120
4	Dettes diverses		220 440
4561	Société Bertrand		351 880
	Réalisation des apports de Bertrand		
20	Immobilisations incorporelles	1 510	
21	Immobilisations corporelles	26 090	
261	Participations	1 200	
3	Stocks	12 620	
4	Créances	21 230	
51	Disponibilités	750	

155	Provisions pour impôts		1 200
16	Emprunts		22 640
4	Dettes diverses		26 640
4562	Société Manuel		12 920
	Réalisation des apports de Manuel		
16	Emprunts	78 500	
401	Fournisseurs	88 120	
27	Immobilisations financières		78 500
41	Clients		88 120
	Élimination des comptes réciproques		
101	Capital *24 000 × 15 % / 0,32 = 11 250 actions de 100 nominal*	1 125	
1042	Prime de fusion *12 920 × 15 % – 1 125*	813	
207	Fonds commercial – Mali technique de fusion *2 700 – 12 920 × 15 %*	762	
261	Titres de participation		2 700
	Réduction du capital par annulation titres récupérés (contrepartie 15 % de Manuel possédés par Bertrand)		

Remarque

Il eut été possible de reprendre dans les écritures les amortissements, provisoires et dépréciations correspondantes, ainsi que les différences de conversion actif et passif (voir aplication 13).

APPLICATION 15

Bonis et malis de fusion

1. Écritures d'absorption des sociétés

Les sociétés Luc, Henri et Jean étant sous contrôle de la société Daniel, les apports seront comptabilisés à la valeur comptable. Par contre, les sociétés Daniel et Victor étant sous contrôle distinct, l'apport de la société Victor sera comptabilisé à la valeur réelle.

Société Luc

L'apport est comptabilisé à la valeur comptable.

Il sera émis 400 000 000 × 40 % / 250 = 640 000 actions.

Les actions seront émises à 350 000 000 × 40 % / 640 000 = 218,75 €

On distingue un boni de fusion (écart positif entre l'actif net reçu par la société absorbante à hauteur de sa participation détenue dans la société absorbée et la valeur comptable de la participation) de 350 000 × 60 % – 180 000 = 30 000 k€. Ce boni est comptabilisé dans le résultat financier à hauteur de la quote-part des résultats accumulés par la société absorbée depuis l'acquisition et non distribués soit 40 000 × 60 % = 24 000 k€ et dans les capitaux propres pour le montant résiduel soit 30 000 – 24 000 = 6 000 k€.

On passera l'écriture suivante (en milliers d'euros) :

	1.1.N		
456	Société Luc compte d'apport	350 000	
101	Capital social *640 000 × 0,1*		64 000
1042	Prime de fusion *640 000 × (0,21875 − 0,1) + 6 000*		82 000
261	Titres de participation		180 000
768	Autres produits financiers		24 000
	Absorption société Luc		

Société Henri

L'apport est comptabilisé à la valeur comptable.

Il sera émis 180 000 000 × 30 % / 250 = 216 000 actions.

Les actions seront émises à 144 000 000 × 30 % / 216 000 = 200 €

On distingue un mali de fusion qui représente l'écart négatif entre l'actif net reçu par la société absorbante à hauteur de sa participation détenue dans la société absorbée, et la valeur comptable de cette participation soit 144 000 × 70 % − 140 000 = 39 200 k€

Ce mali de fusion peut être décomposé en deux éléments :

- un mali technique correspondant, à hauteur de la participation antérieurement détenue aux plus-values latentes sur éléments d'actif comptabilisés ou non dans les comptes de l'absorbée déduction faite des passifs non comptabilisés en l'absence d'obligation comptable dans les comptes de la société absorbée soit (180 000 − 144 000) × 70 % = 25 200 k€ ;
- au-delà du mali technique, un solde qui peut être représentatif d'un complément de dépréciation de la participation détenue dans la société absorbée et qui doit être comptabilisé dans le résultat financier de la société absorbante de l'exercice au cours duquel l'opération est réalisée soit 39 200 − 25 200 = 14 000 k€.

On passera l'écriture suivante :

	1.1.N		
456	Société Henri compte d'apport	144 000	
207	Fonds commercial − Mali technique	25 200	
668	Autres charges financières	14 000	
101	Capital social *216 000 × 0,1*		21 600
1042	Prime de fusion *216 000 × (0,2 − 0,1)*		21 600
261	Titres de participation		140 000
	Absorption société Henri		

Société Jean

L'apport est comptabilisé à la valeur comptable.

Il sera émis 320 000 000 × 45 % / 250 = 576 000 actions.

Les actions seront émises à 268 800 000 × 45 % / 576 000 = 210 €

On distingue également un mali de fusion qui représente l'écart négatif entre l'actif net reçu par la société absorbante à hauteur de sa participation détenue dans la société absorbée, et la valeur comptable de cette participation soit 268 800 × 55 % − 165 000 = 17 160 k€

Ce mali de fusion pourrait être décomposé en deux éléments : un mali technique et un solde de mali (comme dans le cas de la société Henri)

Le mali technique correspondrait, à hauteur de la participation antérieurement détenue aux plus-values latentes sur éléments d'actif comptabilisés ou non dans les comptes de l'absorbée déduction faite des passifs non comptabilisés en l'absence d'obligation comptable dans les comptes de la société absorbée soit (320 000 – 268 800) × 55 % = 28 160 k€.

Le mali technique sera comptabilisé pour 17 160 € et il n'y a aura pas de solde de mali.

On passera l'écriture suivante :

	1.1.N		
456	Société Jean compte d'apport	268 800	
207	Fonds commercial – Mali technique	17 160	
101	Capital social *576 000 × 0,1*		57 600
1042	Prime de fusion *576 000 × (0,21 – 0,1)*		63 360
261	Titres de participation		165 000
	Absorption société Henri		

Société Victor

L'apport est comptabilisé à la valeur réelle.

Il sera émis 100 000 000 / 250 = 400 000 actions.

Les actions seront émises à 250 €.

On passera l'écriture suivante (en milliers d'euros) :

	1.1.N		
456	Société Victor compte d'apport	100 000	
101	Capital social *400 000 × 0,1*		40 000
1042	Prime de fusion *400 000 × (0,25 – 0,1)*		60 000
	Absorption société Victor		

2. Analyse des malis techniques constatés sur les sociétés Henri et Jean

On présentera les tableaux suivants :

Pour la société Henri

Au 1er janvier N

Éléments	Valeurs comptables	Valeurs réelles	Plus-values	Affectation du mali
Terrains	80 000	87 000	7 000	4 900
Constructions	120 000	147 000	27 000	18 900
Impôts différés sur constructions		– 9 000	– 9 000	– 6 300
Fonds de commerce	0	11 000	11 000	7 700
Total	200 000	236 000	36 000	25 200

L'affectation du mali s'effectue proportionnellement aux plus-values latentes.

Au 31 décembre N

Éléments	Valeurs comptables	Affectation du mali	Total	Valeurs réelles	Plus-values	Dépréciation mali
Terrains	80 000	4 900	84 900	88 000	8 000	0
Constructions	114 000	18 900	132 900	129 000	15 000	3 900
Impôts différés sur constructions		– 6 300	– 6 300	– 5 000	– 5 000	– 1 300
Fonds de commerce	0	7 700	7 700	5 000	5 000	2 700
Total	194 000	25 200	219 200	217 000	23 000	5 300

Il y a dépréciation du mali lorsque celui-ci est devenu supérieur à la plus-value constatée. L'impôt différé sur la plus-value sur construction est de (129 000 – 114 000) × 33 1/3 % = 5 000.

Pour la société Jean

Au 1er janvier N

Éléments	Valeurs comptables	Valeurs réelles	Plus-values	Affectation du mali
Terrains	50 000	70 000	20 000	6 703
Constructions	80 000	111 800	31 800	10 658
Impôts différés sur constructions		– 10 600	– 10 600	– 3 553
Fonds de commerce	10 000	20 000	10 000	3 352
Total	140 000	191 200	51 200	17 160

L'affectation du mali s'effectue proportionnellement aux plus-values latentes.

Au 31 décembre N

Éléments	Valeurs comptables	Affectation du mali	Total	Valeurs réelles	Plus-values	Dépréciation mali
Terrains	50 000	6 703	56 703	55 000	5 000	1 703
Constructions	70 000	10 658	80 658	64 000	– 6 000	10 658
Impôts différés sur constructions		– 3 553	– 3 553	+ 2 000	+ 2 000	– 3 553
Fonds de commerce	10 000	3 352	13 352	12 000	2 000	1 352
Total	130 000	17 160	147 160	133 000	8 000	10 160

Il y a dépréciation du mali lorsque celui-ci est devenu supérieur à la plus-value constatée. Pour la construction (et les impôts différés qui y sont liés), la dépréciation est totale.

Dans le cas de la construction, il y a en plus une dépréciation qui doit faire l'objet d'une constatation.

L'impôt différé sur la plus-value sur construction est de (70 000 – 64 000) × 33 1/3 % = 2 000.

3. Écriture de dépréciation du mali technique

Il y a lieu de constater la dépréciation des malis techniques comptabilisés mais aussi la dépréciation de la construction.

On passera les écritures suivantes :

		31.12.N		
6816		Dotations aux dépréciations des immobilisations incorporelles et corporelles	15 460	
	2907	Dépréciation du fonds commercial – mali technique *5 300 + 10 160*		15 460
6816		Dotations aux dépréciations des immobilisations incorporelles et corporelles	6 000	
	2913	Dépréciation des constructions *70 000 – 64 000*		6 000

4. Déductions fiscales

a) Boni de fusion

La fusion est censée être placée sous le régime spécial. La mise en œuvre du deuxième alinéa du 1 de l'article 210 A conduit à exonérer la plus-value éventuellement dégagée par la société absorbante lors de l'annulation des actions ou parts qui correspondent à ses droits dans la société absorbée.

En conséquence, la quote-part de la plus-value exonérée comptabilisée dans le résultat financier doit faire l'objet d'une déduction extra-comptable au tableau 2058-A.

b) Mali technique

Selon l'article 210 A du CGI (introduit par la loi 2004-15 du 30 décembre 2004 de finances rectificatives pour 2004) « l'inscription à l'actif de la société absorbante du mali technique de fusion consécutif à l'annulation des titres de la société absorbée ne peut donner lieu à aucune déduction ultérieure ». En conséquence, la dotation de 15 460 € que nous avons constatée ci-dessus n'est pas déductible.

c) Mali de fusion constaté en plus du mali technique

Le mali de fusion constaté en autres charges financières dans l'absorption de la société Henri (appelé vrai mali par l'instruction BOI 4 I 1-05 du 30 décembre 2005 § 46), dans le cas de l'absorption d'une société présentant un actif net réel positif (ce qui est le cas de la société Henri), est en principe constitutif d'une moins-value admissible au régime du long terme prévu à l'article 39 duodecies si les titres ainsi annulés sont des titres de participation (au sens du troisième alinéa du a ter du I de l'article 219) détenus depuis au moins deux ans. Dans le cas où les titres seraient détenus depuis moins de deux ans, la charge représentative du vrai mali est déductible du résultat au taux de droit commun.

d) Dépréciation de la construction

Quant à ce qui concerne la dépréciation de la construction, il n'existe pas d'interdiction de principe en ce qui concerne la possibilité de constater une dépréciation en supplément de l'amortissement, à la condition qu'il soit effectivement établi que la valeur vénale de l'actif en cause est inférieure à sa valeur nette comptable, que cette dépréciation soit probable, et ne revête pas un caractère irréversible (BOI 4 A 13-05 du 30 décembre 2005 § 144).

APPLICATION 16

Apports partiels d'actifs et scissions

1. Écritures comptables dans les livres de la société Louise

(en milliers d'euros)

a) Cession à Luc

• Montant brut de l'apport :	9 017
• Impôt sur dépréciations stocks et créances : (250 – 100) × 33 1/3 % =	– 50
• Impôt sur plus-values constructions : 1 200 × 33 1/3 % =	– 400
• Impôt sur plus-values matériels : 200 × 33 1/3 % =	– 67
	8 500

Résultat :	
– sur fonds de commerce :	250
– sur terrains :	200
– sur construction : 1 200 – 400 =	800
– sur matériels : 200 – 67 =	133
– sur stocks : – 100 + 33 = –	– 67
– sur créances : 250 – 83 =	167
	1 483

4671	Société Luc	8 500	
4.	Dettes	6 583	
2813	Amortissements des constructions	1 000	
2815	Amortissements des matériels	2 400	
39	Dépréciation des stocks	300	
49	Dépréciation des créances	400	
207	Fonds commercial		100
211	Terrains		800
213	Constructions		2 300
215	Matériels		5 400
274	Prêts		600
3.	Stocks		5 800
4/5	Créances et disponibilités		2 700
125	Résultat de liquidation		1 483
	Cession à Luc		

b) Cession à Lucie

• Montant brut de l'apport :	10 000
Résultat :	
– sur terrains :	600
– sur titres	1 800
	2 400

4672	Société Lucie	10 000	
2805	Amortissements des brevets	800	
205	Brevets		2 400
211	Terrains		1 000
261	Titres de participation		5 000
125	Résultat de liquidation		2 400
	Cession à Lucie		

c) Cession à Lucien

• Montant brut de l'apport :	9 050
• Impôt sur plus-values constructions : 2 700 × 33 1/3 % =	– 900
• Impôt sur plus-values matériels : 150 × 33 1/3 % =	– 50
• Impôt sur plus-values stocks : 300 × 33 1/3 % =	– 100
	8 000

Résultat :	
– sur terrains :	600
– sur construction : 2 700 – 900 =	1 800
– sur matériels : 150 – 50 =	100
– sur stocks : 300 – 100 =	200
	2 700

4673	Société Lucien	8 000	
4.	Dettes	5 900	
2813	Amortissements des constructions	1 800	
2815	Amortissements des matériels	3 200	
207	Fonds commercial		100
211	Terrains		1 000
213	Constructions		2 600
215	Matériels		5 100
3.	Stocks		5 000
4/5	Créances et disponibilités		2 400
125	Résultat de liquidation		2 700
	Cession à Lucien		

d) Cession à Lucienne

• Montant brut de l'apport :	6 300
• Impôt sur plus-values biens amortissables : (300 + 600) × 33 1/3 % =	– 300
	6 000

Résultat :	
– sur terrains :	200
– sur construction : 300 – 100 =	200
– sur matériels : 600 – 200 =	400
	800

4674	Société Lucienne	6 000	
4.	Dettes	7 300	
2813	Amortissements des constructions	800	
2815	Amortissements des matériels	2 500	
211	Terrains		800
213	Constructions		2 500
215	Matériels		5 000
3.	Stocks		4 000

4/5	Créances et disponibilités		3 500
125	Résultat de liquidation		800
	Cession à Lucien		

e) Écritures de synthèse

261	Titres de participation	28 500	
4671	Société Luc		8 500
4672	Société Lucie *10 000 × 60 %*		6 000
4673	Société Lucien		8 000
4674	Société Lucienne		6 000
	Remise de titres		
101	Capital	15 000	
106	Réserves	10 117	
125	Résultat de liquidation *1 483 + 2 400 + 2 700 + 800*	7 383	
4672	Société Lucie		13 000
4675	Autres actionnaires		19 500
	32 500 × 40 % = 13 000		
	32 500 × 60 % = 19 500		
4672	Société Lucie	9 000	
4675	Autres actionnaires	19 500	
261	Titres de participation		28 500
	Partage de titres		

La société Lucie récupérera 40 % des titres émis par Luc, Lucien et Lucienne :

8 500 + 8 000 + 6 000 = 22 500

22 500 × 40 % = 9 000

Les autres actionnaires récupéreront 60 % des titres émis par ces sociétés et la totalité des titres émis par Lucie.

2. Écritures comptables dans les livres de la société Lucie

(en milliers d'euros)

L'augmentation de capital sera de $\frac{10\ 000\ 000 \times 60\ \%}{250}$ = 24 000 actions

La prime de fusion se calculera ainsi :

– prime d'émission sur nouveaux titres : 24 000 × (250 – 100) =	3 600
– plus-value sur titres : 13 000 – 6 000 =	7 000
	10 600

4563	Société Louise, apports en augmentation de capital	19 000	
101	Capital social		2 400
261	Titres de participation		6 000
1042	Prime de fusion		10 600
	Apport partiel de Louise		

261	Titres de participation *6 800 + 9 000*	15 800	
205	Brevets	1 600	
211	Terrain	1 600	
4563	Société Louise, apports en augmentation de capital		19 000
	Réalisation de l'apport		

3. Écritures comptables dans les livres de la société Luc

(en milliers d'euros)

4563	Société Louise, apports en augmentation de capital	8 500	
101	Capital social		5 000
1042	Prime de fusion		3 500
	Apport de Louise : création de 50 000 actions de 170 €		
207	Fonds commercial	350	
211	Terrains	1 000	
213	Constructions	2 500	
215	Matériels	3 200	
174	Prêts	600	
3.	Stocks	5 400	
4/5	Créances et disponibilités	2 550	
4.	Dettes *6 583 + 517*		7 100
4563	Société Louise, apports en augmentation de capital		8 500
	Réalisation de l'apport		

4. Écritures comptables dans les livres de la société Lucien

(en milliers d'euros)

4563	Société Louise, apports en augmentation de capital	8 000	
101	Capital social		8 000
	Apport de Louise : création de 80 000 actions de 100 €		
207	Fonds commercial	100	
211	Terrains	1 600	
213	Constructions	3 500	
215	Matériels	2 050	
3.	Stocks	5 300	
4/5	Créances et disponibilités	2 400	
4.	Dettes *5 900 + 1 050*		6 950
4563	Société Louise, apports en augmentation de capital		8 000
	Réalisation de l'apport		

5. Écritures comptables dans les livres de la société Lucienne

(en milliers d'euros)

4563	Société Louise, apports en augmentation de capital	6 000	
101	Capital social		6 000
	Apport de Louise : création de 60 000 actions de 100 €		
211	Terrains	1 000	
213	Constructions	2 000	
215	Matériels	3 100	
3.	Stocks	4 000	
4/5	Créances et disponibilités	3 500	
4.	Dettes *7 300 + 300*		7 600
4563	Société Louise, apports en augmentation de capital		6 000
	Réalisation de l'apport		

4 CHAPITRE

Les comptes consolidés

APPLICATION 17

Retraitements préalables à la consolidation

1. Immobilisations incorporelles

a) Les frais de constitution, de premier établissement et d'augmentation de capital peuvent être, selon le Plan comptable général, portés en frais d'établissement et amortis sur une durée de cinq ans. Dans les normes IFRS, ces frais doivent être constatés en charges pour les frais de constitution et les frais de premier établissement et en diminution de la prime d'émission pour les frais d'augmentation de capital.

Dans la société Mireille, les frais de constitution sont totalement amortis depuis le 31 décembre N–2 et il n'existe plus dans la balance au 31 décembre N de comptes relatifs à ces frais. Les frais de premier établissement seront amortis au 31 décembre N et à cette date les comptes « Frais de premier établissement » et « Amortissements des frais de premier établissement » sont au même niveau. Les frais d'augmentation de capital ne sont pas amortis totalement

Pour passer du PCG aux normes IFRS, il y a lieu de passer les écritures suivantes :

Pour le bilan

	Amortissement des frais de premier établissement	120 000	
	Amortissement des frais d'augmentation de capital *48 000 × 1/5*	9 600	
	Prime d'émission *48 000 × 66 2/3 %*	32 000	
	Créances d'impôt différé *(48 000 – 9 600) × 33 1/3 %*	12 800	
	Réserves *(120 000 – 120 000 × 4/5) × 66 2/3 %*	16 000	
	Frais de premier établissement		120 000
	Frais d'augmentation de capital		48 000
	Résultat *(120 000 + 48 000)/ 5 × 66 2/3 %*		22 400
	Retraitement des frais d'établissement		

Pour le compte de résultat

Résultat	11 200	
Impôt sur les bénéfices	22 400	
Dotations aux amortissements des immobilisations incorporelles *(120 000 + 48 000) / 5*		33 600
Retraitement des amortissements de frais d'établissement		

b) En normes IFRS, les frais de développement doivent être immobilisés, si l'entité est capable de démontrer :

- la faisabilité technique nécessaire à l'achèvement de l'immobilisation incorporelle en vue de sa mise en service ou de sa vente ;
- son intention d'achever l'immobilisation incorporelle et de l'utiliser ou de la vendre ;
- sa capacité à utiliser ou à vendre l'immobilisation incorporelle ;
- la façon dont l'immobilisation incorporelle générera des avantages économiques futurs probables ;
- la disponibilité de ressources techniques, financières et autres, appropriées pour achever le développement et utiliser ou vendre l'immobilisation incorporelle ;
- sa capacité à évaluer de façon fiable les dépenses attribuables à l'immobilisation incorporelle au cours de son développement.

Pour passer du PCG au normes IFRS, on comptabilisera les opérations suivantes : l'amortissement des frais de développement ne commencera à courir qu'à compter de la fabrication du produit, c'est-à-dire de l'année N.

Pour le bilan

Immobilisations incorporelles – Frais de développement *30 000 + 60 000 + 54 000*	144 000	
Amortissement des immobilisations incorporelles – frais de développement *(30 000 + 60 000 + 54 000) / 6*		24 000
Dettes d'impôt différé *(144 000 – 24 000) × 33 1/3 %*		40 000
Réserves *(30 000 + 60 000) × 66 2/3 %*		60 000
Résultat *(54 000 – 24 000) × 66 2/3 %*		20 000
Activation des frais de développement		

Pour le compte de résultat

Résultat	36 000	
Impôt sur les bénéfices	18 000	
Production immobilisée – Immobilisations incorporelles		54 000
Activation des frais de développement		

Dotations aux amortissements des immobilisations	24 000	
Résultat		16 000
Impôt sur les bénéfices		8 000
Amortissement des frais de développement		

2. Immobilisations corporelles

a) Les droits de mutation, honoraires, commissions et frais d'actes doivent être compris dans le coût de l'immobilisation.

Le passage des comptes du PCG aux comptes IFRS impliquera les écritures suivantes :

Pour le bilan

Constructions	30 000	
Réserves *30 000 × 66 2/3 %*		20 000
Dettes d'impôt différé		10 000
Prise en compte des droits de mutation dans la construction		
Résultat *30 000 / 25 × 66 2/3 %*	800	
Réserves *30 000 / 25 × 6× 66 2/3 %*	4 800	
Créances d'impôt différé *30 000 / 25 × 7× 33 1/3 %*	2 800	
Amortissement de la construction *30 000 / 25 × 7*		8 400
Retraitement des amortissements correspondants		

Pour le compte de résultat

Dotations aux amortissements des immobilisations	1 200	
Impôts sur les bénéfices		400
Résultat		800
Retraitement amortissement		

b) Dans les normes IFRS, les travaux de révision ou de grosses réparations doivent être comptabilisés comme des composants.

Le passage des comptes du PCG aux comptes IFRS impliquera les écritures suivantes :

Pour le bilan

Provisions pour gros entretien ou grandes révisions *9 000 × 2*	18 000	
Dettes d'impôt différé *18 000 × 33 1/3 %*		6 000
Réserves *9 000 × 66 2/3 %*		6 000
Résultat *9 000 × 66 2/3 %*		6 000
Annulation provision N–1 et N		

	Débit	Crédit
Constructions – composant grosses réparations	48 000	
Dettes d'impôt différé *48 000 × 33 1/3 %*		16 000
Réserves *48 000 × 66 2/3 %*		32 000
Constatation comme composant de la grosse réparation		
Créances d'impôt différé *48 000 × 2/5 × 33 1/3 %*	6 400	
Résultat *48 000 × 1/5 × 66 2/3 %*	6 400	
Réserves *48 000 × 1/5 × 6 2/3 %*	6 400	
Amortissement constructions – composant grosses réparations *48 000 × 2/5*		19 200
Amortissement en N–1 et N de la grosse réparation		

Pour le compte de résultat

	Débit	Crédit
Résultat	6 000	
Impôts sur les bénéfices	3 000	
Dotations aux provisions d'exploitation		9 000
Annulation provision		
Dotations aux amortissements des immobilisations *48 000 × 1/5*	9 600	
Impôts sur les bénéfices		3 200
Résultat		6 400
Amortissement du composant		

c) Les locations financement doivent être immobilisées. Il est d'abord nécessaire de déterminer le taux d'actualisation (taux trimestriel) de l'emprunt correspondant au contrat de crédit-bail.

On peut écrire que $300\,000 = 40\,000 \times \frac{1-(1+i)^{-10}}{i}(1+i) + 47800(1+i)^{-10}$

On trouvera $i = 9$ %.

À partir de ce taux, on présentera un tableau d'amortissement de l'emprunt correspondant à cette opération de crédit-bail.

Échéances	Reste à rembourser	Intérêts	Capital	Redevance
1er janvier N–3	300 000		40 000	40 000
1er janvier N–2	260 000	23 400	16 600	40 000
1er janvier N–1	243 400	21 906	18 094	40 000
1er janvier N	225 306	20 278	19 722	40 000
1er janvier N+1	205 584	18 503	21 497	40 000
1er janvier N+2	184 087	16 568	23 432	40 000

☞

☞

1er janvier N+3	160 655	14 459	25 541	40 000
1er janvier N+4	135 114	12 160	27 840	40 000
1er janvier N+5	107 274	9 655	30 345	40 000
1er janvier N+6	76 929	6 924	33 076	40 000
31 décembre N+6	43 853	3 947	43 853	47 800
		147 800	300 000	447 800

Le détail des charges financières peut ainsi s'analyser :
Charges imputables à l'exercice N : 18 503.
Charges imputables aux exercices précédents : 23 400 + 21 906 + 20 278 = 65 584.
Les écritures comptables de retraitement seront les suivantes :

Pour le bilan

Installations techniques, matériels et outillages en location financement Dettes de location financement *Immobilisation de l'installation industrielle acquise en crédit-bail*	300 000	 300 000
Résultat *300 000 × 1/15 × 66 2/3 %* Réserves *300 000 × 3/15 × 66 2/3 %* Créance impôts différés *80 000 × 33 1/3 %* Amortissements installations techniques, matériels et outillage en location financement *Amortissement de l'installation 300 000 × 1/15 × 4*	13 333 40 000 26 667	 80 000
Compte de liaison redevances *40 000 × 4* Dettes impôts différés *160 000 × 33 1/3 %* Résultat *40 000 × 66 2/3 %* Réserves *40 000 × 3 × 66 2/3 %* *Annulation des redevances 40 000 × 4*	160 000	 53 333 26 667 80 000
Résultat *18 503 × 66 2/3 %* Réserves *65 584 × 66 2/3 %* Impôts différés *(18 503 + 65 584) × 33 1/3 %* Dettes de location financement *300 000 – 205 584* Compte de liaison redevances Intérêts courus *Assimilation de la redevance à un remboursement de capital et à un emprunt*	12 335 43 723 28 029 94 416	 160 000 18 503

Pour le compte de résultat

Dotations aux amortissements des immobilisations	20 000	
Impôts sur les bénéfices *20 000 × 33 1/3 %*		6 667
Résultat		13 333
Amortissements		
Résultat	26 667	
Impôts sur les bénéfices *40 000 × 33 1/3 %*	13 333	
Redevances de crédit-bail		40 000
Annulation redevance		
Charges d'intérêts	18 503	
Impôts sur les bénéfices *18 503 × 33 1/3 %*		6 168
Résultat		12 335
Intérêts		

d) Pour passer, pour l'immeuble de placement, du coût à la juste valeur, on devra passer les écritures suivantes :

Pour le bilan

Amortissement de la construction *(600 000 – 300 000) × 7/40*	52 500	
Construction		52 500
Pour ramener à la valeur nette comptable		
Terrain *460 000 – 250 000*	210 000	
Constructions (*1 030 000 – 460 000) – (600 000 – 52 500)*	22 500	
Dettes d'impôt différé *(210 000 + 22 500) × 33 1/3 %*		77 500
Réserves *[1 000 000 – 250 000 – (600 000 – 300 000 × 6/40)] × 66 2/3 %*		130 000
Résultat *[(460 000 – 415 000) – (585 000 – 570 000) + 300 000 × 1/40 (amortissements repris)] × 66 2/3 %*		25,000
Retraitement immeuble de placement		

Pour le compte de résultat

Résultat	5 000	
Impôts sur les bénéfices	2 500	
Dotations aux amortissements des immobilisations		7 500
Annulation de la dotation (600 000 – 300 000) × 1/40		

Résultat	20 000	
Impôt sur les bénéfices	10 000	
Résultat provenant de la variation de juste valeur des immeubles de placement *45 000 – 15 000*		30 000
Plus-value sur terrain : 460 000 – 415 000 = 45 000		
Moins-value sur construction 585 000 – 570 000 = 15 000		

3. Titres de participation et titres immobilisés

a) Le coût d'acquisition des titres de participation comprend les frais d'acquisition. On passera les écritures suivantes :

Pour le bilan

Titre de participation	21 000	
Résultat *21 000× 66 2/3 %*		14 000
Dette d'impôt différé		7 000
Retraitement des titres de participation		

Pour le compte de résultat

Résultat	14 000	
Impôts sur les bénéfices	7 000	
Frais sur titres		21 000
Annulation de la charge		

b) Les obligations acquises sont des placements détenus jusqu'à leur échéance. Elles doivent être évaluées au coût amorti. Celui se détermine à partir d'un taux effectif de placement.

Le taux effectif de ce placement est le taux i pour lequel $(950 \times 50 + 394) = 2\,500 \times \frac{1-(1+i)^{-5}}{i} + 50\,000 \times (1+i)^{-5}$

On trouve $i = 6\ \%$

On peut ainsi établir le tableau de l'emprunt comme suit :

Dates	Intérêts à 6 %	Remboursement Intérêts	Coût amorti
1.1.N−1			47 894
31.12.N−1	2 874	2 500	48 268
31.12.N	2 896	2 500	48 664
31.12.N+1	2 920	2 500	49 084
31.12.N+2	2 945	2 500	49 529
31.12.N+3	2 971	2 500	50 000

En normes IFRS, comme les comptes de placement sont tenus au coût amorti, on passera donc les écritures de retraitement suivantes :

Pour le bilan

Titres immobilisés – obligations IFRS	48 664	
Titres immobilisés obligations PCG *950 × 50*		47 500
Dettes d'impôt différé *(48 664 – 47 500) × 33 1/3 %*		388
Résultat *(2 896 – 2 500) × 66 2/3 %*		264
Réserves *[394 + (2 874 – 2 500)] × 66 2/3 %*		512
Retraitement obligations		

Pour le compte de résultat

Résultat	264	
Impôt sur les bénéfices	132	
Revenus des titres immobilisés *2 896 – 2 500*		396
Retraitement obligations		

c) Les titres Jérémie peuvent être considérés comme des actifs disponibles à la vente (ce ne sont pas des actifs acquis à titre de transaction, ni des placements détenus jusqu'à leur échéance, ni des prêts et créances). Ils doivent être évalués à leur juste valeur, les variations de juste valeur étant constatés en capitaux propres.

Une plus-value latente doit donc (en normes IFRS) être constatée : elle est de 300 × [170 – (150 +150 × 0,5 %)] = 5 775 €.

On passera l'écriture suivante en tenant compte des impôts différés :

Pour le bilan (il n'y a pas d'écriture pour le compte de résultat)

Actifs disponibles à la vente (actions) IFRS *300 × 170*	51 000	
Tires immobilisés – Actions PCG *300 × (150 + 150 × 0,5 %)*		45 225
Dettes d'impôt différé *5 775 × 33 1/3 %*		1 925
Écarts d'évaluation sur instruments financiers disponibles à la vente *5 775 × 66 2/3 %*		3 850
Retraitement action		

4. Prêts

Les prêts doivent être évalués au coût amorti. Compte tenu d'un taux d'actualisation nettement plus bas que le taux d'intérêt, le coût amorti est bien plus bas que la valeur de remboursement.

Au taux effectif de 6 %, le coût amorti du prêt était le 1er janvier N–4 de 50 000 × 1 % × $\frac{1-1{,}06^{-10}}{0{,}06}$ + 50 000 × $1{,}06^{-10}$ = 31 600. Il fallait donc constater en N–4 une dépréciation de 50 000 – 31 600 = 18 400 €.

Le tableau d'analyse du coût amorti du prêt est le suivant (jusqu'au 31 décembre N)

Dates	Intérêts à 6 %	Remboursement Intérêts	Coût amorti
1.1.N- 4			31 600
31.12.N-4	1 896	500	32 996
31.12.N-3	1 980	500	34 476
31.12.N-2	2 069	500	36 045
31.12.N-1	2 163	500	37 708
31.12.N	2 262	500	39 470

On passera les écritures de retraitement suivantes :

Pour le bilan

	Débit	Crédit
Prêts au personnel IFRS	39 470	
Créances d'impôt différé *(50 000 – 39 470) × 33 1/3 %*	3 510	
Réserves *(50 000 – 37 708) × 66 2/3 %*	8 195	
Prêts au personnel PCG		50 000
Résultat *(2 262 – 500) × 66 2/3 %*		1 175
Retraitement obligations		

Pour le compte de résultat

	Débit	Crédit
Résultat	1 175	
Impôt sur les bénéfices	587	
Revenus des prêts *2 262 – 500*		1 762
Retraitement obligations		

5. Stocks

Ils doivent être évalués en tenant compte de l'amortissement des frais de développement.
On passera les écritures de retraitement suivantes :

Pour le bilan

	Débit	Crédit
Stocks de produits finis	4 500	
Résultat *(6 000 – 4 500) × 66 2/3 %*	1 000	
Dettes d'impôt différé *4 500 × 33 1/3 %*		1 500
Réserves *6 000 × 66 2/3 %*		4 000
Retraitement stock		

Pour le compte de résultat

Production stockée – Variation de stock de produits finis	1 500	
Résultat		1 000
Impôts sur les bénéfices		500
Retraitement stock		

6. Créances

a) Au 31 décembre N, il y a lieu d'ajuster la créance client en tenant compte de la différence de change entre le cours au moment de la vente et le cours en fin d'exercice. Comme la couverture de change peut être qualifiée de couverture de flux de trésorerie, il y a lieu également de constater la plus-value sur le dérivé en capitaux propres. On passera les écritures suivantes :

Pour le bilan

Résultat	2 261	
Client US		2 261
200 000 / 1,32 – 200 000 / 1,34		
Instruments de trésorerie – contrat à terme de change	1 122	
Écart d'évaluation sur instruments financiers en couverture de flux de trésorerie		1 122
200 000 / 1,33 – 200 000 / 1,34		

Pour le compte de résultat

Perte de change	2 261	
Résultat		2 261
Perte sur créance US		

b) Il s'agit également d'une couverture de flux de trésorerie. On passera les écritures de retraitement suivantes :

Pour le bilan

Instruments de trésorerie – Swaps de taux d'intérêt	5 000	
Résultat *1 500 × 66 2/3 %*		1 000
Dettes d'impôt différé *1 500 × 33 1/3 % + (5 000 – 1 500 – 500) × 33 1/3 %*		1 500
Écart sur évaluation d'instruments financiers en couverture de flux de trésorerie *(5 000 – 1 500 – 500) × 66 2/3 %*		2 000
Produits à recevoir		500
Retraitement swap		

Pour le compte de résultat

Résultat	1 000	
Impôt sur les bénéfices	500	
Services bancaires		1 500
Retraitement swap		

7. Titres de placement

a) Il s'agit de titres acquis à titre de transaction. Ils doivent être évalués à la juste valeur, les variations de cette juste valeur étant constatés dans le compte de résultat. On passera les écritures suivantes :

Pour le bilan

Actifs financiers à la juste valeur par le biais du compte de résultat *500 × 63*	31 500	
Valeurs mobilières de placement		30 000
Résultat *(500 × 3) × 66 2/3 %*		1 000
Dettes d'impôt différé *(500 × 3) × 33 1/3 %*		500
Retraitement titres de placement		

Pour le compte de résultat

Résultat	1 000	
Impôt sur les bénéfices	500	
Autres produits financiers *3 × 500 – 300*		1 200
Frais sur titres		300
Effet de l'ajustement à la juste valeur des valeurs mobilières		

b) Il s'agit ici, comme il est précisé d'un actif financier disponible à la vente. Celui-ci doit être évalué à la juste valeur, les variations de juste valeur étant constatés dans les capitaux propres. Toutefois, à compter du 1er octobre N, cet actif est couvert par un instrument dérivé dont la variation est constatée en juste valeur dans le compte de résultat. Aussi, à compter du 1er octobre, l'entité doit constater en contrepartie les variations de la juste valeur des actions en résultat. On passera donc les écritures suivantes :

Pour le bilan

Actifs disponibles à la vente (actions) IFRS	22 000	
Valeurs mobilières de placement – actions PCG		20 000
Écarts d'évaluation sur instruments financiers disponibles à la vente *2 000 × 66 2/3 %*		1 333
Dettes d'impôt différé		667
Valeur au 1er octobre N		

Instrument de trésorerie – Compte d'attente options de vente d'actions *1 500 – 300*	1 200	
Résultat (*1 500 – 300) × 66 2/3 %*		800
Dettes d'impôt différé		400
Plus-value sur option		
Résultat (*22 000 – 20 500) × 66 2/3 %*	1 000	
Créance d'impôt différé	500	
Actifs disponibles à la vente (actions) IFRS *22 000 – 20 500*		1 500
Moins-value sur actions		

Pour le compte de résultat

Résultat	800	
Impôt sur les bénéfices	400	
Autres produits financiers		1 200
Plus-value sur option		
Autres charges financières	1 500	
Impôt sur les bénéfices		500
Résultat		1 000
Moins-value sur actions		

8. Subventions d'investissement

Pour passer des comptes PCG aux comptes IFRS, on passera l'écriture suivante (concerne uniquement les postes de bilan) :

Subventions d'investissement	80 000	
Subventions d'investissement inscrites au compte de résultat		32 000
Produits à recevoir – Subventions d'investissement		48 000
Retraitement subventions d'investissement		

Il est à noter que le compte 777 « Quote-part de subventions d'investissement virée au résultat de l'exercice » est classé par le PCG dans les comptes de produits exceptionnels et devra en IFRS être reclassé.

9. Provisions réglementées

Les provisions réglementées n'existent pas dans les normes IFRS. On passera les écritures suivantes :

Pour le bilan

Provisions pour hausse de prix	6 000	
Amortissements dérogatoires	87 000	
Dettes d'impôt différé *(6 000 + 87 000) × 33 1/3 %*		31 000
Réserves (*15 000 + 54 000) × 66 2/3 %*		46 000
Résultat *(63 000 − 39 000) × 66 2/3 %*		16 000
Reprise des provisions réglementées		

Pour le compte de résultat

Impôt sur les bénéfices	8 000	
Reprise sur provisions réglementées	39 000	
Résultat	16 000	
Dotations aux provisions réglementées		63 000
Annulation des provisions réglementées		

10. Provisions

a) alors qu'en PCG, les provisions ne peuvent être actualisées, en normes IFRS, avec un taux d'actualisation de 6 %, la provision serait fin N−1 de $1\ 000\ 000 \times 1{,}06^{-14} = 442\ 300$; elle serait fin N de $1\ 000\ 000 \times 1{,}06^{-13} = 468\ 839$

On passerait donc les écritures suivantes :

Pour le bilan

Provisions pour démantèlement *1 000 000 − 468 839*	531 161	
Résultat (*468 839 − 442 300) × 66 2/3 %*	17 692	
Dettes d'impôt différé *531 161 × 33 1/3 %*		177 053
Réserves (*1 000 000 − 442 300) × 66 2/3 %*		371 800
Retraitement provision pour démantèlement		

Pour le compte de résultat

Charges financières *442 300 × 6 %*	26 538	
Résultat *26 538 × 66 2/3 %*		17 692
Impôts sur les bénéfices		8 846
Retraitement provision pour démantèlement		

b) Comme aucune provision n'a été constituée à présent, il y a lieu de constater une provision pour garantie donnée aux clients.

Les machines vendues en N−3 sont garanties jusqu'au 30 juin N (en date moyenne), celles vendues en N−2 jusqu'au 30 juin N+1 (en date moyenne), celles vendues en N−1 jusqu'au

30 juin N+2 (en date moyenne) et celles vendues en N sont garanties jusqu'au 30 juin N+3 (en date moyenne).

Situation de la provision au 31 décembre N–1

Coût global garantie machines vendues en N–3 : 600 × 3 000 × 5 % + 600 × 40 000 × 1 % = 330 000

Risque restant à imputer (sur 6 mois) : 20 % × 6/12 = 10 %

Provision : 330 000 × 10 % = 33 000

Coût global garantie machines vendues en N–2 : 700 × 3 000 × 5 % + 700 × 40 000 × 1 % = 385 000

Risque restant à imputer : 20 % + 30 % × 6/12 = 35 %

Provision : 385 000 × 35 % = 134 750

Coût global garantie machines vendues en N–2 : 800 × 3 000 × 5 % + 800 × 40 000 × 1 % = 440 000

Risque restant à imputer : 20 % + 30 % + 50 % × 6/12 = 75 %

Provision : 440 000 × 75 % = 330 000

Provision totale : 33 000 + 134 750 + 330 000 = 497 750 €

Situation de la provision au 31 décembre N

Coût global garantie machines vendues en N–2 : 385 000

Risque restant à imputer : 10 %

Provision : 385 000 × 10 % = 38 500

Coût global garantie machines vendues en N–1 : 440 000

Risque restant à imputer : 35 %

Provision : 440 000 × 35 % = 154 000

Coût global garantie machines vendues en N : 1 000 × 3 000 × 5 % + 1 000 × 40 000 × 1 % = 550 000

Risque restant à imputer : 75 %

Provision : 550 000 × 75 % = 412 500

Provision totale : 38 500 + 154 000 + 412 500 = 605 000 €

On passera les écritures suivantes

Pour le bilan

		Débit	Crédit
	Créances d'impôt différé *605 000 × 33 1/3 %*	201 667	
	Réserves *497 750 × 66 2/3 %*	331 833	
	Résultat *(605 000 – 497 750) × 66 2/3 %*	71 500	
	Provisions pour garanties données aux clients		605 000
	Provision pour garanties		

Pour le compte de résultat

		Débit	Crédit
	Dotations aux provisions d'exploitation *605 000 – 497 750*	107 250	
	Résultat		71 500
	Impôt sur les bénéfices		35 750
	Provision pour garanties		

11. Provisions pour pensions et obligations similaires

Dans les normes IFRS, la charge constatée au cours de l'exercice correspond aux coûts des services rendus augmentés du coût financier. Le montant de l'engagement fin N sera de 1 200 000 + 90 000 + 72 000 – 84 000 = 1 278 000 €. On passera donc les écritures de retraitement suivantes :

Pour le bilan

Créances d'impôt différé *1 278 000 × 33 1/3 %*	426 000	
Réserves *1 200 000 × 66 2/3 %*	800 000	
Résultat *(90 000 + 72 000 – 84 000) × 66 2/3 %*	52 000	
Dettes provisionnées pour avantages au personnel postérieurs à l'emploi		1 278 000
« Provisions pour retraites »		

Pour le compte de résultat

Autres charges du personnel – indemnités de départ calculées	90 000	
Charges financières	72 000	
Charges de personnel – Indemnités et avantages (écart)	3 000	
Charges de personnel – Indemnités et avantages divers		87 000
Impôt sur les bénéfices		26 000
Résultat		52 000
Provision pour retraite N et constatation de la différence entre le paiement des indemnités de départ réellement décaissées et les indemnités prévues.		

12. Écarts de conversion

On passera les écritures suivantes :

Pour le bilan

Résultat	6 000	
Réserves	36 000	
Différences de conversion actif		42 000
Annulation de l'écart de conversion actif		
Différences de conversion passif	15 000	
Résultat	6 000	
Réserves		21 000
Annulation de l'écart de conversion passif		
Provisions pour pertes de change	42 000	
Résultat		6 000
Réserves		36 000
Annulation de la provision pour risques de change		

Pour le compte de résultat

	Pertes de change Résultat *Annulation de l'écart de conversion passif*	6 000	 6 000
	Pertes de change Résultat *Annulation de l'écart de conversion passif*	6 000	 6 000
	Résultat Dotations aux provisions financières *Annulation de la provision pour risques de change*	6 000	 6 000

Il est à noter que nous n'avons pas fait, dans le retraitement, intervenir d'impôts différés, car les impôts sur différences de change sont, dans le système français, exigibles ou déductibles de suite et nous avons considéré que la comptabilisation dans les comptes individuels était faite selon la méthode de l'impôt exigible.

13. Emprunts obligataires

Il y a lieu d'abord de calculer le taux effectif de l'emprunt.

L'annuité constante de remboursement est $100 \times 10\,000 \times \dfrac{0{,}06}{1 - 1{,}06^{-20}} = 87\,184{,}56$ €.

Le taux effectif est le taux i pour lequel $(97 \times 10\,000 - 1\,678) = 87\,184{,}56\ \dfrac{1-(1+i)^{-20}}{i}$

On trouve i = 6,4 %

On peut ainsi établir le tableau de l'emprunt comme suit :

Dates	Intérêts à 6,4 %	Remboursement Intérêts	Remboursement capital	Coût amorti
31.12.N–1				968 322
31.12.N	61 973	60 000	27 200	943 095

Dans les comptes individuels de la société Mireille (tenus conformément au PCG), au 31 décembre N, on aurait les éléments suivants :

- compte 163 « Emprunts obligataires » : 1 000 000 – 27 200 = 972 800 ;
- compte 169 « Prime de remboursement des obligations » : 10 000 × (100 – 97) × 19/20 (amortissement en vingt ans) = 28 500 ;
- compte 4816 « Frais d'émission des emprunts » : 1 678 × 19/20 (amortissement en vingt ans) = 1 594 ;
- compte 6616 « Intérêts des emprunts et dettes » : 60 000 ;
- compte 6812 « Dotations aux amortissements des charges à répartir » : 1 678 × 1/20 = 84 ;

– compte 6861 « Dotations aux amortissements des primes de remboursement » : 10 000 × (100 – 97) × 1/20 = 1 500.

On passera donc les écritures de retraitement suivantes :

Pour le bilan

Emprunts obligataires (PCG)	972 800	
Créances d'impôt différé *(943 095 + 28 500 + 1 594 – 972 800) × 33 1/3 %*	130	
Résultat *(61 973 – 60 000 – 84 – 1 500) × 66 2/3 %*	259	
Primes de remboursement des obligations		28 500
Frais d'émission des obligations		1 594
Emprunts obligataires (IFRS)		943 095
Retraitement emprunt		

Pour le compte de résultat

Intérêts des emprunts et dettes *61 973 – 60 000*	1 973	
Dotations aux amortissements des charges à répartir		84
Dotations aux amortissements des primes de remboursement		1 500
Impôts sur les bénéfices		130
Résultat		259
Retraitement emprunt		

14. Ventes

a) Il y a lieu de comptabiliser la vente

On passera les écritures de retraitement suivantes :

Pour le bilan

Clients	60 000	
Stock de produits		54 000
Résultat *(60 000 – 54 000) × 66 2/3 %*		4 000
Dettes d'impôt différé *(60 000 – 54 000) × 33 1/3 %*		2 000
Retraitement ventes		

Pour le compte de résultat

Variation de stock – Production stockée	54 000	
Impôt sur les bénéfices	2 000	
Résultat	4 000	
Ventes de produits		60 000
Retraitement ventes		

b) Compte tenu du délai du règlement imposé, il y a lieu d'actualiser la créance. Si l'on prend un taux d'actualisation de 6 %, la juste valeur de ce lot de produits est de 75 000 × $(1,06)^{-1}$ = 70 755 €. Au 31 décembre N, l'intérêt couru sur le crédit accordé au client (calculé au taux mensuel équivalent au taux annuel de 6 %) est de 70 755 × $(1,06)^{1/12}$ – 70 755 = 344 €

On passera les écritures de retraitement suivantes :

Pour le bilan

Résultat 3 901 × 66 2/3 %	2 601	
Créance d'impôt différé	1 300	
Clients *75 000 – 70 755 – 344*		3 901
Retraitement vente		

Pour le compte de résultat

Ventes de produits *75 000 – 70 755*	4 245	
Autres produits financiers		344
Impôts sur les bénéfices		1 300
Résultat		2 601
Retraitement vente		

15. Opérations à long terme

Pour ses opérations à long terme, la société Mireille doit comptabiliser les produits à l'avancement (IAS 11).

Le coût global de ce contrat est estimé à 120 000 + 200 000 + 80 000 = 400 000 € et le résultat espéré est donc de 490 000 – 400 000 = 90 000 € à répartir sur N–1, N et N+1 dans le cadre d'un contrat comptabilisé à l'avancement.

Quote-part imputable en N–1 : 120 000 / 400 000 = 30 %

Quote-part imputable en N : 200 000 / 400 000 = 50 %

Quote-part imputable en N+1 : 80 000 / 400 000 = 20 %

Pour passer de la méthode d'achèvement du PCG à la méthode à l'avancement des IFRS on passera les écritures suivantes (au 31 décembre N) :

Pour le bilan

Clients, facture à établir *490 000 × 80 % × 119,6 %*	468 832	
État, TVA sur facture à établir *490 000 × 80 % × 19,6 %*		76 832
Stock de produits *120 000 + 200 000*		320 000
Dettes d'impôt différé *90 000 × 80 % × 33 1/3 %*		24 000
Réserves *90 000 × 30 % × 66 2/3 %*		18 000
Résultat *90 000 × 50 % × 66 2/3 %*		30 000
Retraitement contrat à long terme		

Pour le compte de résultat

Résultat		30 000	
Impôt sur les bénéfices		15 000	
Variation de stock de travaux en cours		200 000	
Travaux *490 000 × 50 %*			245 000
Retraitement contrat à long terme			

16. Stocks-options

La société n'a comptabilisé aucune opération relative aux stocks options.

Le cours de l'action étant de 185 € au 31 décembre N–1, la valeur des options peut être estimée à cette date à :

Options émises en N–4 : 1 600 × (185 – 180) =	8 000
Options émises en N – 3 : 5 000 ×(185 – 160) = 1	125 000
Options émises en N – 2 : cours inférieur au prix exercice	néant
Options émises en N – 1 : 1 800 × (185 – 170) =	27 000
	160 000

On comptabilisera d'abord la prise en compte au 31 décembre N–1 de l'engagement pris par la société Mireille vis-à-vis de ses dirigeants : ces engagements sont des charges (passées) pour les sociétés et sont inscrites dans un compte de capitaux propres (dans le PCG, le compte le plus adapté serait le compte 1045 « Bons de souscription », mais on pourrait aussi valablement inscrire la valeur de ces options dans le compte 1041 « Primes d'émission » puisque au moment de la levée de l'option, le bénéficiaire ne versera que le prix d'exercice, prix inférieur au prix d'émission de l'action.

Pour le bilan

Réserves *160 000 × 66 2/3 %*		106 667	
Créance d'impôt différé		53 333	
Bons de souscription			160 000
Options au 31 décembre N–1			

On comptabilisera ensuite les exercices des différentes options et la juste valeur des rémunérations complémentaires pour l'exercice sur ces options (à la fin de l'exercice précédent, on avait déjà estimé cette rémunération en tenant compte de la valeur du titre au 31 décembre N–1).

Pour cela, on comptabilisera d'abord en charge de personnel, les variations de cours entre la fin de l'exercice précédent et la date de prise de l'option pour les options exercées :

Options N–4 : 1 200 × (200 – 185) =	18 000
Options N–3 : 3 100 × (200 – 185) =	46 500
Options N–2 : 400 × (200 –190) =	4 000
Options N–1 : 1 100 × (200 – 185) =	16 500
	85 000

On passera les écritures suivantes :

Pour le bilan

Résultat *85 000 × 66 2/3 %*	56 667	
Créance d'impôt différé	28 333	
Bons de souscription		85 000
Variations de cours de l'exercice sur options prises		

Pour le compte de résultat

Autres charges de personnel	85 000	
Impôt sur les bénéfices		28 333
Résultat		56 667
Variations de cours de l'exercice sur options prises		

Il y a lieu ensuite de constater l'abandon de 400 options venues à échéance et non exercées :

Pour le bilan

Bons de souscription *400 × (185 – 180)*	2 000	
Dette d'impôt différé *2 000 × 33 1/3 %*		667
Résultat		1 333
Options non exercées		

Pour le compte de résultat

Résultat	1 333	
Impôts sur les bénéfices	667	
Autres charges de personnel		2 000
Options non exercées		

Enfin, on comptabilisera le réajustement de la valeur des options en cours :

Options N–3 : 1 900 × (197 – 185) =	22 800
Options N–2 : 3 800 × (197 – 190) =	26 600
Options N–1 : 700 × (197 – 185) =	8 400
Options N : 3 000 × (197 – 188) = 2	7 000
	84 800

Pour le bilan

Résultat *84 800 × 66 2/3 %*	56 533	
Créance d'impôt différé	28 267	
Bons de souscription		84 800
Réajustement de la valeur sur options non exercées		

Pour le compte de résultat

Autres charges de personnel	84 800	
Impôt sur les bénéfices		28 267
Résultat		56 533
Réajustement de la valeur sur options non exercées		

17. Corrections d'erreurs

Dans les comptes PCG, la correction d'erreur est constatée de manière prospective, l'incidence se trouvant dans le compte de résultat. Dans les comptes IFRS, la correction d'erreur se traite de manière rétrospective comme si l'erreur n'avait jamais existé.

Dans les comptes individuels PCG on a débité, suite au contrôle fiscal, le compte 2135 « Installations, agencements, aménagements des constructions » pour 90 000 € et crédité le compte 772 « Produits sur exercices antérieurs » de la même somme. Par ailleurs, on a débité 695 « Impôt sur les bénéfices » du rappel d'impôt soit théoriquement 30 000 € (en plus des intérêts de retard et des pénalités » et crédité le compte 444 « État ». Enfin, on a comptabilisé un amortissement pour quatre exercices (dont seulement une année déductible) soit 9 000 € par an. Un impôt théorique de 9 000 × 3 × 33 1/3 % = 9 000 € est imputable à l'exercice N (impôt lié à la réintégration fiscale des amortissements différés irrégulièrement).

Pour passer du PCG aux comptes IFRS, on passera les écritures suivantes :

Pour le bilan

Résultat	42 000	
Réserves (90 000 – 9 000 × 3) × 66 2/3 %		42 000
Correction d'erreur		

Pour le compte de résultat

Produits sur exercices antérieurs	90 000	
Dotations aux amortissements des immobilisations *9 000 × 3*		27 000
Impôts sur les bénéfices *30 000 – (9 000 × 3 × 33 1/3 %)*		21 000
Résultat		42 000
Correction d'erreur		

18. Impôts sur les bénéfices

Nous ne retraiterons pas les amortissements dérogatoires et la provision pour hausse de prix, ceux-ci ayant été retraités ci-dessus (§ 9). On ne tiendra compte que des décalages entre charge imputable et charge déductible fiscalement, les autres impôts différés ayant été constatés au fur et mesure de l'analyse des opérations précédentes. Les plus-values reportées on fait l'objet d'une provision qu'il serait préférable de constater en dettes d'impôt différé.

On passera les écritures suivantes :

Pour le bilan

Créances d'impôt différé *5 000 + 6 000*	11 000	
Provisions pour impôt	40 000	
Résultat (*15 000 + 18 000 – 12 000 – 16 500) × 33 1/3 %*		1 500
Réserves (*12 000 + 16 500) × 33 1/3 %*		9 500
Dettes d'impôt différé		40 000
Retraitement impôts différés		

Pour le compte de résultat

Résultat	1 500	
Charge d'impôt différé	9 500	
Produit d'impôt différé		11 000
Retraitement impôts différés		

19 et 20. Opérations effectuées avec la succursale britannique

Il y a lieu d'abord de convertir les comptes de la succursale en euros et de les intégrer dans les comptes de la société Mireille. Les comptes de bilan seront convertis au cours de fin d'exercice (soit 1 € = 0,70 £) et les comptes de résultats au cours moyen de l'exercice (soit 1 € = 0,69 £). Le résultat de la succursale (établi par différence, le compte 186 « Biens et prestations de services échanges entre établissements » étant assimilé à un compte de charges) est de 480 000 €.

On aura les écritures de conversion suivante :

Pour le bilan

Terrains *100 000 / 0,70*	142 857	
Constructions *600 000 / 0,70*	857 143	
Installations techniques, matériels et outillages industriels *400 000 / 0,70*	571 428	
Autres immobilisations corporelles *500 000 / 0,70*	714 286	
Produits finis *300 000 / 0,70*	428 571	
Clients *400 000 / 0,70*	571 429	
Clients – Factures à établir *40 000 / 0,70*	57 143	
Charges constatées d'avance *12 000 / 0,70*	17 143	
Banques *32 000 / 0,70*	45 714	
Siège social *944 000 / 0,70*		1 348 572
Résultat *480 000 / 0,69*		695 652
Écart de conversion *480 000 / 0,70 – 480 000 / 0,69*		(9 938)
Dettes d'impôts différés *146 000 / 0,70*		208 571
Amortissements des constructions *220 000 / 0,70*		314 286
Amortissements des installations techniques, matériels et outillages industriels *130 000 / 0,70*		185 714
Amortissements autres immobilisations corporelles *200 000 / 0,70*		285 714

Personnel – rémunérations dues *140 000 / 0,70*		200 000
Organismes sociaux *40 000 / 0,70*		57 143
État, TVA à décaisser *84 000 / 0,70*		120 000
Conversion postes de bilan		

Pour le compte de résultat

Biens et prestations de services échangés entre établissements *1 600 000 / 0,69*	2 318 841	
Services extérieurs *347 000 / 0,69*	502 899	
Autres services extérieurs *305 000 / 0,69*	442 029	
Impôts, taxes et versements assimilés *142 000 / 0,69*	205 797	
Rémunérations du personnel *400 000 / 0,69*	579 710	
Charges de sécurité sociale et de prévoyance *160 000 / 0,69*	231 884	
Autres charges de gestion courante *16 000 / 0,69*	23 188	
Charges d'intérêts *82 000 / 0,69*	118 841	
Autres charges financières *26 000 / 0,69*	37 681	
Dotations aux amortissements des immobilisations corporelles *132 000 / 0,69*	191 304	
Rabais, remises et ristournes accordés par l'entreprise *4 000 / 0,69*	5 797	
Résultat *480 000 / 0,69*	695 652	
Ventes de produits finis *3 600 000 / 0,69*		5 217 391
Variations de stocks produits finis *46 000 / 0,69*		66 667
Autres produits de gestion courante *16 000 / 0,69*		23 188
Autres produits financiers *32 000 / 0,69*		46 377
Conversion postes du compte de résultat		

Il est nécessaire, enfin, de solder les comptes réciproques entre la succursale et le siège social. On passera alors les écritures suivantes :

Pour le bilan

Siège social	1 348 572	
Compte de liaison succursale de Londres		1 348 000
Écart de conversion		572
Comptes réciproques		

Pour le compte de résultat

Biens et prestations de services échangés entre établissements (produits)	2 320 000	
Biens et prestations de services échanges entre établissements (charges)		2 318 841
Gains de change		1 159
Comptes réciproques		

APPLICATION 18

Écarts d'acquisition et d'évaluation

L'analyse du coût d'acquisition des 12 800 actions Vinassan possédées par la société Boris au 31 décembre N peut être effectuée comme suit :

Actions souscrites en N–6 6 000 × 100 =	600 000
Actions acquises en N–3 2 000 × 190 =	380 000
Actions souscrites en N3 200 × 160 =	512 000
Actions attribuées en N 1 600 =	0
12 800 actions pour	1 492 000

Seuls les titres de participation acquis en N–3 peuvent faire l'objet d'un traitement de l'écart de première consolidation (écart d'évaluation et écart d'acquisition).

L'écart d'évaluation constaté en N–3 sera de 180 000 + 200 000 – 180 000 × 34 1/3 % (impôt latent sur plus-value construction) = 318 200 € ce qui portera le montant des capitaux propres retraités selon les méthodes de consolidation à 1 836 400 € :

capital	1 000 000
réserves	400 000
amortissements dérogatoires : 180 000 × 65 2/3 % =	118 200
écarts d'évaluation	318 200
	1 836 400

L'écart d'acquisition correspondant sera donc de :

380 000 – 1 836 400 × 20 % = 12 720 €.

Dans les opérations conduisant à l'élaboration des comptes (consolidés) de l'exercice N, on passera les opérations suivantes :

Pour l'établissement du bilan consolidé

	Débit	Crédit
Constructions	180 000	
Fonds commercial	200 000	
Réserves Vinassan		118 200
Impôts différés		61 800
Écart d'évaluation		
Impôts différés *36 000 × 33 1/3 % + 180 000 × (34 1/3 % – 33 1/3 %)*	13 800	
Résultat Vinassan *9 000 × 66 2/3 %*	6 000	
Réserves Vinassan *36 000 × 65 2/3 %*	16 200	
Amortissements des constructions		36 000
Amortissement annuel = 180 000 / 20		
Écart d'acquisition sur titres Vinassan	12 720	
Titres de participation Vinassan		12 720
Écart d'acquisition		

Résultat Boris	2 544	
Réserves Boris	7 632	
Écart d'acquisition sur titres Vinassan		10 176
Amortissement annuel : 12 720 / 5		

Pour l'établissement du compte de résultat consolidé

Dotations aux amortissements des immobilisations	9 000	
Résultat		6 000
Impôts sur les bénéfices *9 000 × 33 1/3 %*		3 000
Amortissement écart d'évaluation		
Dotations aux amortissements des écarts d'acquisition	2 544	
Résultat		2 544
Amortissement écart d'acquisition		

Remarque

Il est à noter que le comité de la réglementation comptable, après avis du Conseil national de la comptabilité avait permis (règlement 2005-10 du CRC) :

- soit d'amortir l'écart d'acquisition positif sur une durée qui doit refléter, aussi raisonnablement que possible, les hypothèses retenues et les objectifs fixés et documentés lors de l'acquisition et qui ne peut excéder 20 ans. En cas d'indice de perte de valeur, un test de dépréciation est effectué selon les dispositions prévues par l'article 322-5 du PCG ;
- soit ne pas amortir l'écart d'acquisition positif et effectuer un test de dépréciation avant la fin de l'exercice d'acquisition, puis un test annuel systématique selon les dispositions prévues par l'article 322-5 du PCG, ou plus fréquemment s'il existe un indice de perte de valeur.

L'arrêté d'homologation du règlement 2005-10 n'a pas repris ces dispositions, jugées non conformes à l'article 248-3 du décret 67-236 du 23 mars 1967 (article L.233-5 du Code de commerce). En attendant que ce dernier texte soit modifié, les dispositions antérieures du règlement 99-02, à savoir un amortissement sur une durée qui doit refléter, aussi raisonnablement que possible, les hypothèses retenues et les objectifs fixés et documentés lors de l'acquisition, restent applicables.

APPLICATION 19

Première consolidation

1. Méthode du *full goodwill*

La participation de la société Marius dans la société Marcel fait ressortir des écarts de première consolidation qui peuvent être analysés comme suit :

Écarts d'évaluation :

Au 1er janvier N–2 :

Écart sur terrain :	300 000
Écart sur constructions :	900 000
	1 200 000
Impôts différés : 1 200 000 × 33 1/3 % =	400 000
	800 000

Au 1er juillet N

Écart sur terrain :	300 000
Écart sur constructions : 900 000 – 900 000 × 5 % × 2,5	787 500
	1 087 500
Impôts différés : 1 087 500 × 33 1/3 % =	362 500
	725 000

Écarts d'acquisition :

Au 1er janvier N–2

3 600 000 / 0,60 – (4 000 000 + 800 000) = 1 200 000.

Au 1er juillet N

750 000/ 0,10 – (5 200 000 + 725 000) = 1 575 000.

Lorsqu'une entité qui détient le contrôle d'une autre entité, acquiert des titres de ladite société, les écarts d'évaluation et d'acquisition nouvellement calculés ne sont pas pris en compte dans l'opération (sauf dépréciation). En effet, l'évaluation à la juste valeur de la société acquise doit être faite (selon IFRS 3 révisé § 19) à la date d'acquisition. Or, cette date d'acquisition est la date à laquelle l'acquéreur obtient le contrôle de l'entité acquise. Le différentiel entre la valeur d'acquisition des titres acquis postérieurement et la valeur de la quote-part des intérêts minoritaires acquise doit être constaté dans les capitaux propres de l'acquéreur (comme des titres disponibles à la vente).

Le *goodwill* (écart d'acquisition) de 1 200 000 € sera donc réparti entre les unités génératrices de trésorerie comme suit :

– activité « produits laitiers » : 1 200 000 × 50 % = 600 000 € ;

– activité « boissons » : 1 200 000 × 30 % = 360 000 € ;

– activité « biscuits » : 1 200 000 × 20 % = 240 000 €.

Au 31 décembre N–1, les valeurs d'utilité des unités génératrices de trésorerie de la société Marius sont respectivement les suivantes :

– activité « produits laitiers » : $660\,000 \times \dfrac{1 - 1{,}06^{-10}}{0{,}06} + 5\,000\,000 \times 1{,}06^{-10}$ = 7 649 631 € ;

– activité « boissons » : $460\,000 \times \dfrac{1 - 1{,}06^{-10}}{0{,}06} + 3\,000\,000 \times 1{,}06^{-10}$ = 5 060 824 € ;

– activité « biscuits » : $240\,000 \times \dfrac{1 - 1{,}06^{-10}}{0{,}06} + 2\,000\,000 \times 1{,}06^{-10}$ = 2 883 210 €.

Ces valeurs sont toujours supérieures aux valeurs nettes comptables au 31 décembre N–1 :

– activité « produits laitiers » : 5 700 000 + 300 000 + 900 000 – 900 000 × 5 % × 2 + 600 000 = 7 410 000 € ;

– activité « boissons » : 3 500 000 + 360 000 = 3 860 000 € ;

– activité « biscuits » : 2 500 000 + 240 000 = 2 740 000 €.

Aucune dépréciation n'était donc à constituer au 31 décembre N–1.

Au 31 décembre N, les valeurs d'utilité des unités génératrices de trésorerie de la société Marius seront respectivement les suivantes :

– activité « produits laitiers » : $600\,000 \times \frac{1 - 1{,}06^{-10}}{0{,}06} + 5\,000\,000 \times 1{,}06^{-10}$ = 7 208 026 € ;

– activité « boissons » : $420\,000 \times \frac{1 - 1{,}06^{-10}}{0{,}06} + 3\,000\,000 \times 1{,}06^{-10}$ = 4 766 421 € ;

– activité « biscuits » : $160\,000 \times \frac{1 - 1{,}06^{-10}}{0{,}06} + 2\,000\,000 \times 1{,}06^{-10}$ = 2 294 403 €.

Deux de ces valeurs sont devenues inférieures aux valeurs nettes comptables au 31 décembre N et il aura lieu de constater des dépréciations :

- activité « produits laitiers » : valeur comptable : 5 800 000 + 300 000 + 900 000 – 900 000 × 5 % × 3 + 600 000 = 7 465 000 € : la dépréciation sera de 7 465 000 – 7 208 000 = 257 000 € et s'imputera sur le *goodwill* ;
- activité « boissons » : 3 600 000 + 360 000 = 3 960 000 € : il n'y a pas de dépréciation ;
- activité « biscuits » : 2 400 000 + 240 000 = 2 640 000 € : la dépréciation sera de 2 640 000 – 2 294 000 = 346 000 € et s'imputera sur le *goodwill* pour 240 000 € et sur les actifs identifiables pour 106 000 €.

Écritures de consolidation (bilan uniquement) en milliers d'euros

	Débit	Crédit
Titres Marius	4 350	
Autres actifs	14 250	
Capital Marcel		5 000
Réserves Marcel		2 800
Résultat Marcel		400
Dettes		10 400
Reprise bilan Marcel		
Autres actifs	11 800	
Capital Marius		3 000
Réserves Marius		2 100
Résultat Marius		200
Dettes		6 500
Reprise bilan Marius		
Autres actifs	1 200	
Réserves Marius		800
Impôts différés		400
Écart d'évaluation		
Réserves Marius *45 × 2 × 66 2/3 %*	60	
Résultat Marius *45 × 66 2/3 %*	30	
Impôts différés *45 × 3 ×33 1/3 %*	45	
Autres actifs *45 × 3*		135
Amortissements écart d'évaluation 900 × 5 % = 45 par an		

Écart d'acquisition titres Réserves Marius *Goodwill*	1 200	1 200
Réserves Marcel *37,5 × 66 2/3 %* Impôts différés Titres de participation Marius *Écart de goodwill (1 575 – 1 200) × 10 % = 37,5*	25 13	38
Résultat Marius Écart d'acquisition titres *Dépréciation goodwill 257 + 240*	497	497
Résultat Marius *106 × 66 2/3 %* Impôts différés Autres actifs *Dépréciation actifs identifiables activité biscuits*	71 35	106
Capital Marius Réserves Marius *2 100 + 800 – 60 + 1 200* Résultat Marius *200 – 30 – 497 – 71* Titres de participation Marius *4 350 – 38* Réserves Marcel *(3 000 + 2 100 – 4 000 – 60) × 60 %* Résultat Marcel (398) × 60 % + (483)(1) × 10 % Intérêts minoritaires *(3 000 + 4 040) × 30 %* Résultats minoritaires *(398) × 30 %* *Élimination titres de la société intégrée*	3 000 4 040 (398)	4 312 624 (287) 2 112 (119)

(1) Résultat du second semestre : 3 000 + 2 100 + 200 – 5 200 – 15 (amortissement écart d'évaluation) – 497 – 71 (dépréciations) = (483).

Établissement du bilan consolidé

On obtiendra le bilan consolidé suivant :

Actifs divers (1) Écarts d'acquisition (2)	27 009 000 703 000	Capital groupe (3) Réserves groupe (4) Résultat groupe (5) Intérêts minoritaires (6) Dettes (7)	5 000 000 3 399 000 113 000 1 993 000 17 207 000
	28 712 000		27 712 000

(1) 14 250 + 11 800 + 1 200 – 135 – 106
(2) 1 200 – 497
(3) Capital société mère
(4) 2 800 – 25 + 624
(5) 400 – 287
(6) 2 112 – 119
(7) 10 400 + 6 500 + 400 – 45 – 13 – 35

2. Méthode du *purchase goodwill*

Dans la méthode du *purchase goodwill* de nombreux calculs sont semblables à ceux du *full goodwill*. Nous ne reprendrons pas le détail de ces calculs. Le lecteur est invité à reprendre ce détail dans l'analyse faite du *full goodwill*.

Les écarts d'évaluation au 1er janvier N–2 et au 1er juillet N sont les mêmes que dans la méthode du *full goodwill*.

Écarts d'acquisition :

Au 1er janvier N–2

3 600 000 – (4 000 000 + 800 000) × 60 % = 720 000

Au 1er juillet N

750 000 – (5 200 000 + 725 000) × 10 % = 157 500

Comme dans le cadre du *full goodwill*, lorsqu'une entité qui détient le contrôle d'une autre entité, acquiert des titres de ladite société, les écarts d'évaluation et d'acquisition nouvellement calculés ne sont pas pris en compte dans l'opération (sauf dépréciation). Le *goodwill* à prendre en compte sera donc de 720 000 + 720 000 × 10 % / 60 % = 840 000 €, la différence soit 157 500 – 720 000 × 10 % / 60 % = 37 500 € (arrondi à 38 000 €) sera constatée en capitaux propres.

Le goodwill de 840 000 € sera donc réparti entre les unités génératrices de trésorerie comme suit :

- activité « produits laitiers » : 840 000 × 50 % = 420 000 € ;
- activité « boissons » : 840 000 × 30 % = 252 000 € ;
- activité « biscuits » : 840 000 × 20 % = 168 000 €.

Au 31 décembre N–1, les valeurs d'utilité des unités génératrices de trésorerie de la société Marius sont (comme dans le cadre du *full goodwill*) respectivement les suivantes :

- activité « produits laitiers » : 7 649 631 € ;
- activité « boissons » : 5 060 824 € ;
- activité « biscuits » : 2 883 210 €.

La quote-part revenant à la société Marcel sera donc la suivante :

- activité « produits laitiers » : 7 649 631 × 70 % = 5 354 742 € ;
- activité « boissons » : 5 060 824 × 70 % = 3 545 377 € ;
- activité « biscuits » : 2 883 210 × 70 % = 2 018 247 €.

Ces valeurs sont toujours supérieures aux valeurs nettes comptables correspondantes au 31 décembre N–1 :

- activité « produits laitiers » : (5 700 000 + 300 000 + 900 000 – 900 000 × 5 % × 2) × 70 % + 420 000 = 5 187 000 € ;
- activité « boissons » : 3 500 000 × 70 % + 252 000 = 2 702 000 € ;
- activité « biscuits » : 2 500 000 × 70 % + 168 000 = 1 918 000 €.

Aucune dépréciation n'était donc à constituer au 31 décembre N–1.

Au 31 décembre N, les valeurs d'utilité des unités génératrices de trésorerie de la société Marius seront respectivement les suivantes :

- activité « produits laitiers » : 7 208 026 € ;
- activité « boissons » : 4 766 421 € ;
- activité « biscuits » : 2 294 403 €.

La quote-part revenant à la société Marcel sera la suivante :

- activité « produits laitiers » : 7 208 026 × 70 % = 5 045 618 € ;
- activité « boissons » : 4 766 421 × 70 % = 3 336 495 € ;
- activité « biscuits » : 2 294 403 × 70 % = 1 606 082 €.

Deux de ces valeurs sont devenues inférieures aux valeurs nettes comptables au 31 décembre N et il aura lieu de constater des dépréciations.

- activité « produits laitiers » : valeur comptable : (5 800 000 + 300 000 + 900 000 – 900 000 × 5 % × 3) × 70 % + 420 000 = 5 225 500 € : la dépréciation sera de 5 225 500 – 5 045 600 = 179 900 € arrondie à 180 000 € et s'imputera sur le *goodwill* ;
- activité « boissons » : 3 600 000 × 70 % + 252 000 = 2 772 000 € : il n'y a pas de dépréciation ;
- activité « biscuits » : 2 400 000 × 70 % + 168 000 = 1 848 000 € : la dépréciation sera de 1 848 000 – 1 606 100 = 241 900 € et s'imputera sur le *goodwill* pour 168 000 € et sur les actifs identifiables pour : (241 900 – 168 000) / 70 % = 106 000 €.

Écritures de consolidation (bilan uniquement) en milliers d'euros

Les écritures de reprises du bilan de Marcel, du bilan de Marius, d'écarts d'évaluation, d'amortissements des écarts d'évaluation, de constatation de l'écart de 37 500 € de dépréciation des actifs identifiables biscuits seront semblables à celles constatées dans la méthode du *full goodwill*. Seules sont différentes les écritures relatives aux écarts d'acquisition, aux dépréciations des écarts d'acquisition, et à l'élimination des titres de la société intégrée.

	Écart d'acquisition titres	840	
	Titres de participation		840
	Goodwill		
	Résultat Marcel	348	
	Écart d'acquisition titres		348
	Dépréciation goodwill 180 + 168		
	Capital Marius	3 000	
	Réserves Marius *2 100 + 800 – 60*	2 840	
	Résultat Marius *200 – 30 – 71*	99	
	Titres de participation Marius *4 350 – 840 – 38*		3 472
	Réserves Marcel *(3 000 + 2 100 – 4 000 – 60) × 60 %*		624
	Résultat Marcel 99 × 60 % + 14 (1) × 10 %		61
	Intérêts minoritaires *(3 000 + 2 840) × 30 %*		1 752
	Résultats minoritaires *99 × 30 %*		30
	Élimination titres de la société intégrée		

(1) Résultat du second semestre : 3 000 + 2 100 + 200 – 5 200 – 15 (amortissement écart d'évaluation) – 71 (dépréciations) = 14

Établissement du bilan consolidé

On obtiendra le bilan consolidé suivant :

Actifs divers (1) Écarts d'acquisition (2)	27 009 000 492 000	Capital groupe (3) Réserves groupe (4) Résultat groupe (5) Intérêts minoritaires (6) Dettes (7)	5 000 000 3 399 000 113 000 1 782 000 17 207 000
	27 501 000		27 501 000

(1) 14 250 + 11 800 + 1 200 – 135 – 106
(2) 840 – 348
(3) Capital société mère
(4) 2 800 – 25 + 624
(5) 400 – 348 + 61
(6) 1 752 + 30
(7) 10 400 + 6 500 + 400 – 45 – 13 – 35

Il est à noter que les différences entre les bilans établis selon les deux méthodes portent uniquement sur les postes écarts d'acquisition et intérêts minoritaires. Les écarts d'acquisition dans la méthode du *purchase goodwill* ne sont calculés que sur la part qui revient à l'acquéreur soit 703 000 × 70 % = 492 000, la différence, soit 703 000 – 492 000 = 211 000 n'étant pas imputée aux minoritaires (ce qui explique la différence entre 1 782 000 et 1 993 000).

APPLICATION 20

Mise en équivalence

1. Mise en équivalence au bilan (consolidation par paliers)

Détermination des écarts d'acquisition

Au 1er janvier N–2, la valeur des éléments identifiables de la société Carine peut être déterminée comme suit :

• Capital	100 000
• Réserves	60 000
• Résultat	12 000
• Provisions réglementées : 36 000 × 66 2/3 % =	24 000
• Écarts d'évaluation : (3 000 + 6 000) × 66 2/3 % =	6 000
	202 000

L'écart d'acquisition est de : 50 000 – 202 000 × 20 % = 9 600 €.

Au 1er janvier N–1, la valeur des éléments identifiables de la société Carine peut être déterminée comme suit :

• Capital	100 000
• Réserves	62 000
• Résultat	16 000
• Provisions réglementées : 42 000 × 66 2/3 % =	28 000

- Écarts d'évaluation : (3 600 + 8 400) × 66 2/3 % = 8 000

214 000

L'écart d'acquisition est de : 28 000 – 214 000 ×10 % = 6 600 €.

Écritures relatives aux écarts d'acquisition

Dans le règlement 99-02 § 291, l'écart d'acquisition est constaté de la même manière que les écarts d'acquisition définis dans le cadre de l'intégration globale. En IFRS, les écarts d'acquisition sont intégrés dans la valeur d'équivalence.

		Débit	Crédit
	Écart d'acquisition (sur titres mis en équivalence) Titres de participation Carine *Écart dans l'acquisition des titres Carine par Armande*	9 600	9 600
	Résultat Armande *9 600 × 10 %* Réserves Armande *9 600 × 10 % × 2* Écart d'acquisition *Dépréciation depuis l'acquisition le 1er janvier N–2*	960 1 920	2 880
	Écart d'acquisition (sur titres mis en équivalence) Titres de participation Carine *Écart dans l'acquisition des titres Carine par Brigitte*	6 600	6 600
	Résultat Brigitte *6 600 × 10 %* Réserves Brigitte *6 600 × 10 %* Écart d'acquisition *Dépréciation depuis l'acquisition le 1er janvier N–1*	660 660	1 320

Mise en équivalence des titres Carine

Pour l'année N, la situation de la société Carine peut être analysée ainsi (pour Armande)

Éléments	Situation au 1.1.N	Résultat	Situation au 31.12.N
Capital	100 000		100 000
Réserves	76 000		76 000
Résultat		24 000	24 000
Provisions réglementées	45 000 × 66 2/3 % = 30 000	1 500 × 66 2/3 % = – 1 000	43 500 × 66 2/3 % = 29 000
Écarts d'évaluation	(9 000 – 300 ×2) × 66 2/3 % = 5 600	– 300 × 66 2/3 % = – 200	(9 000 – 300 ×3) × 66 2/3 % = 5 400
Total	211 600	22 800	234 400

Pour l'année N, la situation de la société Carine peut être analysée ainsi (pour Brigitte)

Éléments	Situation au 1.1.N	Résultat	Situation au 31.12.N
Capital	100 000		100 000
Réserves	76 000		76 000
Résultat		24 000	24 000
Provisions réglementées	45 000 × 66 2/3 % = 30 000	1 500 × 66 2/3 % = – 1 000	43 500 × 66 2/3 % = 29 000
Écarts d'évaluation	(12 000 – 420) × 66 2/3 % = 7 720	– 420 × 66 2/3 % = – 280	(12 000 – 420 × 2) × 66 2/3 % = 7 440
Total	213 720	22 720	236 440

Écritures comptables

	Débit	Crédit
Titres mis en équivalence *234 400 × 20 %*	46 880	
Titres de participation Carine *50 000 – 9 600*		40 400
Réserves Armande *211 600 × 20 % – 40 400*		1 920
Résultat Armande *22 800 × 20 %*		4 560
Mise en équivalence Carine (chez Armande)		
Titres mis en équivalence *236 440 × 10 %*	23 644	
Titres de participation Carine *28 000 – 6 600*		21 400
Réserves Brigitte *213 720 × 10 % – 21 400*		– 28
Résultat Brigitte *22 720 × 10 %*		2 272
Mise en équivalence Carine (chez Armande)		

Retraitement des réserves et résultats Brigitte

	Débit	Crédit
Réserves Armande *688 × 90 %*	619	
Intérêts minoritaires *688 × 10 %*	69	
Résultat Brigitte *2 272 – 660*	1 612	
Réserves Brigitte *660 + 28*		688
Résultat Armande *1 612× 90 %*		1 451
Résultat minoritaires *1 612× 10 %*		161
Retraitement réserves et résultat Brigitte (consolidation par paliers)		

2. Mise en équivalence au bilan (consolidation directe)

On aurait dans ce cas les écritures suivantes :

	Débit	Crédit
Écart d'acquisition (sur titres mis en équivalence)	9 600	
Titres de participation Carine		9 600
Écart dans l'acquisition des titres Carine par Armande		

Résultat Armande *9 600 × 10 %*	960	
Réserves Armande *9 600 × 10 % × 2*	1 920	
Écart d'acquisition		2 880
Dépréciation depuis l'acquisition le 1er janvier N−2		
Écart d'acquisition (sur titres mis en équivalence)	6 600	
Titres de participation Carine		6 600
Écart dans l'acquisition des titres Carine par Brigitte		
Résultat Armande *6 600 × 10 % × 90 %*	594	
Résultat minoritaires *6 600 × 10 % × 10 %*	66	
Réserves Armande *6 600 × 10 % × 90 %*	594	
Intérêts minoritaires *6 600 × 10 % × 10 %*	66	
Écart d'acquisition		1 320
Dépréciation depuis l'acquisition le 1er janvier N−1		
Titres mis en équivalence *234 400 × 20 %*	46 880	
Titres de participation Carine *50 000 − 9 600*		40 400
Réserves Armande *211 600 × 20 % − 40 400*		1 920
Résultat Armande *22 800 × 20 %*		4 560
Mise en équivalence Carine (chez Armande)		
Titres mis en équivalence *236 440 × 10 %*	23 644	
Titres de participation Carine *28 000 − 6 600*		21 400
Réserves Armande *(213 720 × 10 % − 21 400) × 90 %*		− 25
Intérêts minoritaires *(213 720 × 10 % − 21 400) × 10 %*		− 3
Résultat Armande *22 720 × 10 % × 90 %*		2 045
Résultat minoritaires *22 720 × 10 % × 10 %*		227
Mise en équivalence Carine (chez Armande)		

3. Écritures de mise en équivalence dans le compte de résultat

Dotations aux amortissements et dépréciation des écarts d'acquisition	1 620	
Résultat		1 620
960 + 660		
Résultat	6 832	
Quote-part dans les résultats des entreprises mises en équivalence		6 832
4 560 + 2 272		

4. Retraitement des dividendes

Les dividendes versés par la société Carine sont de 68 000 + 20 000 − 76 000 = 12 000 €. Ils ont été versés à :

– Armande : 12 000 × 20 % = 2 400 € ;

– Brigitte : 12 000 × 10 % = 1 200 €.

Écritures pour le bilan (consolidation directe)

Résultat Armande	2 400	
Réserves Armande		2 400
Dividende Carine touché par Armande		
Résultat Armande *1 200 × 90 %*	1 080	
Résultat minoritaires *1 200 × 10 %*	120	
Réserves Armande		1 080
Intérêts minoritaires		120
Dividende Carine touché par Brigitte		

Écriture pour le compte de résultat

Produits financiers	3 600	
Résultat		3 600
2 400 + 1 200		

5. Tableau présentant l'impact de la mise en équivalence

Ce tableau ne tient pas compte de l'impact de l'écart d'acquisition ni de celui de la comptabilisation des dividendes.

Les chiffres présentés dans ce tableau sont tirés des écritures présentées ci-dessus :

Postes	Total (30 %)	Part du groupe (29 %)	Intérêts minoritaires (1 %)
Capital : 100 000	30 000	29 000	1 000
Réserves et assimilées : 76 000 + 30 000	31 800	30 740	1 060
Écart d'évaluation : 5 600 / 7 720		5 600 × 20 % + 7 720 × 9 % = 1 815	77
Titres détenus par Armande	– 40 400	– 40 400	
Titres détenus par Brigitte	– 21 400	– 19 260	– 2 140
Impact sur les réserves		1 895	– 3
Résultat 22 800 / 22 720		22 800 × 20 % + 22 720 × 9 % = 1 815	227
Impact total		3 810	224

6. Retraitements préalables nécessaires

Les résultats internes compris dans les stocks, les immobilisations et autres actifs provenant d'opérations réalisées entre les entreprises dont les titres sont mis en équivalence et les entreprises dont les comptes sont intégrés globalement ou proportionnellement, voire entre entreprises sous influence notable, doivent être éliminés.

Sont éliminés, à hauteur du pourcentage de participation détenu par le groupe dans le capital de l'entreprise mise en équivalence, les résultats compris dans les stocks, les immobilisations et autres actifs, et les résultats provenant d'opérations entre cette entreprise et celles dont les comptes sont intégrés globalement.

Si les opérations ont été effectuées avec une entreprise intégrée proportionnellement ou mise en équivalence, l'élimination s'effectue à la hauteur du produit des pourcentages des deux participations (sous réserve toutefois de la disponibilité des informations nécessaires).

Les dotations aux comptes de dépréciations des titres de participation constituées par l'entreprise détentrice des titres, en raison de pertes subies par les entreprises dont les titres sont mis en équivalence, sont éliminées en totalité.

APPLICATION 21

Entreprises étrangères

1. Méthode du cours historique

Dans la méthode du cours historique, les valeurs monétaires sont converties au taux en fin d'exercice, les valeurs non monétaires au taux historique, une différence de conversion étant constatée au compte de résultat.

On obtient les écritures de cumul du bilan et du compte de résultat suivants :

Écriture de cumul du bilan

Immobilisations corporelles *20 000 / 1,28*	15 625	
Stocks *18 000 / 1,23*	14 634	
Créances *17 000 / 1,20*	14 167	
Liquidités *8 000/ 1,20*	6 667	
Capital Martial *30 000 / 1,28*		23 438
Réserves Martial 7 947 – 6 000 / 1,26		3 185
Résultat Martial		6 970
Emprunts *12 000 / 1,20*		10 000
Autres dettes *9 000 / 1,20*		7 500
Cumul bilan		

Écriture de cumul du compte de résultat

Achats *40 000 / 1,23*	32 520	
Variation de stock *18 000 / 1,23 – 8 000 / 1,27*	– 8 335	
Autres charges *14 000 / 1,23*	11 382	
Amortissements *5 000 / 1,28*	3 906	
Impôts *6 000 / 1,23*	4 878	
Résultat	6 970	
Ventes *63 000 / 1,23*		51 220
Écart de conversion		101
Cumul compte de résultat		

Par différence, dans l'écriture de cumul du bilan, le résultat de l'exercice est de 6 970 : en reportant ce résultat dans l'écriture de cumul du compte de résultat, on obtient (encore par différence) un écart de conversion de 101.

a) Analyse de l'écart de conversion

L'écart de conversion qui apparaît séparément sur une ligne du compte de résultat (et qui est compris dans le résultat du bilan), résulte de l'utilisation de taux de change différents. Il comprend les éléments suivants :

– un écart résultant de la variation de l'exercice des postes convertis au taux historique (éléments non monétaires) sur la distribution de dividendes :
6 000 / 1,26 – 6 000/ 1,20 = – 238
– un écart résultant de la variation du taux de clôture sur le solde au début d'exercice des éléments monétaires convertis au taux de clôture : 7 000/ 1,20 – 7 000 /1,26 = + 278
– un écart sur les postes de résultat convertis au taux moyen :
Produits – Charges = 63 000 – 40 000 – 14 000 – 6 000 = 3 000 → 3 000 / 1,20 – 3 000 / 1,23 = + 61

Le total s'élève à : –238 + 278 + 61 = 101

b) Élimination des titres de participation de la filiale consolidée

Elle ne fait pas intervenir le compte d'écart de conversion.

Capital Martial	23 438	
Réserves Martial	3 185	
Résultat Martial	6 970	
Titres de participation		16 406
Réserves groupe *3 185 × 70 %*		2 230
Résultat groupe *6 970 × 70 %*		4 879
Intérêts minoritaires *26 623 × 30 %*		7 987
Résultats minoritaires *6 970 × 30 %*		2 091
Élimination des titres		

2. La méthode du cours de clôture

En reprenant la même étude, on obtiendrait les écritures de cumul du bilan et du compte de résultat suivant.

Écriture de cumul du bilan

Immobilisations corporelles *20 000 / 1,20*	16 666	
Stocks *18 000 /1,20*	15 000	
Créances *17 000 / 1,20*	14 167	
Liquidités *8 000/ 1,20*	6 667	
Capital Martial *30 000 / 1,20*		25 000
Réserves Martial *4 000 / 1,20*		3 333
Résultat Martial *8 000 / 1,20*		6 667
Emprunts *12 000 / 1,20*		10 000
Autres dettes *9 000 / 1,20*		7 500
Cumul bilan		

Écriture de cumul du compte de résultat

Achats *40 000 / 1,23*	32 520	
Variation de stock – *10 000 / 1,23*	– 8 130	
Autres charges *14 000 /1,23*	11 382	
Amortissements *5 000 /1,23*	4 066	
Impôts *6 000 / 1,23*	4 878	
Résultat *8 000 / 1,23*	6 504	
Ventes *63 000 / 1,23*		51 220
Cumul compte de résultat		

Il y a lieu de distinguer (au niveau du bilan*)*, un écart de conversion sur résultat afin de tenir compte de la détermination du résultat au taux moyen.

Résultat Martial *6 667 – 6 504*	163	
Écart de conversion		163
Virement : 8 000 / 1,20 – 8 000 / 1,23		

Puis il va falloir déterminer (toujours au niveau du bilan) un écart de conversion pour ramener le capital de la filiale à sa valeur historique (à 1,28) ainsi que les réserves (bénéfices N–1 à 1,27).

Capital Martial *25 000 – 30 000 /1,28*	1 562	
Réserves Martial *3 333 – 4 000 / 1,27*	183	
Écart de conversion		1 745
Écart sur capital		

L'écart de conversion va rester dans les postes de capitaux propres dans une rubrique « Écarts de conversion » pour les intérêts des majoritaires et sera intégré dans le poste « Intérêts minoritaires » pour la part des autres associés.
L'écriture d'élimination des titres se présentera comme suit :

Capital Martial	23 438	
Réserves Martial	3 150	
Écart de conversion *1 745 + 163*	1 908	
Résultat Martial	6 504	
Titres de participation		16 406
Réserves groupe *3 150 × 70 %*		2 205
Écart de conversion groupe *1 908 × 70 %*		1 336
Résultat groupe *6 504 × 70 %*		4 553
Intérêts minoritaires *(23 438 + 3 150 + 1 908) × 30 %*		8 549
Résultats minoritaires *6 504 × 30 %*		1 951
Élimination des titres		

APPLICATION 22

Retraitements de consolidation

1. Écritures conduisant au bilan consolidé du groupe Odile au 31 décembre N

Il y a lieu au départ d'analyser les écarts de première consolidation sur les sociétés intégrées Olivier et Osiris.

Société Olivier (en milliers d'euros)

Capitaux propres au 31 décembre N–2

5 000 + 7 400 + 2 600 = 15 000

Écarts d'évaluation nets d'impôt

(300 + 600) × 66 2/3 % = 600

Écarts d'acquisition

12 400 – (15 000 + 600) × 80 % = – 80

Société Osiris (valeur en milliers de francs suisses)

Capitaux propres au moment de la prise de contrôle : 5 340

Écarts d'évaluation nets d'impôt

480 × 66 2/3 % = 320

Écarts d'acquisition (en milliers d'euros)

5 000 – [(5 340 + 320) × 70 %] / 1,46 = 711

Écritures comptables

		Débit	Crédit
	Immobilisations corporelles	900	
	Réserves Olivier		600
	Impôts différés		300
	Écart d'évaluation Olivier		
	Résultat Olivier *600 × 5 % × 66 2/3*	20	
	Réserves Olivier	20	
	Impôts différés	20	
	Immobilisations corporelles		60
	Amortissement écart d'évaluation Olivier		
	Titres de participation Olivier	80	
	Réserves Odile		80
	Écart d'acquisition Olivier		
	Immobilisations corporelles *480 / 1,50*	320	
	Écart de conversion *480 / 1,46 × 66 2/3 % – 480 / 1,50 × 66 2/3 %*	6	
	Réserves Osiris *480 / 1,46 × 66 2/3 %*		219
	Impôts différés *480 / 1,50 × 33 1/3 %*		107
	Écart d'évaluation Osiris		

Écart d'acquisition	711	
Titres de participation Osiris		711
Écart d'acquisition Osiris		

On comptabilisera ensuite un certain nombre d'opérations, à savoir le retraitement des dividendes, les écarts de conversion sur capitaux propres Osiris (les comptes ayant été repris lors des écritures de cumul à la valeur de 1,50, les dettes et créances réciproques, les résultats internes sur stocks et immobilisations.

Résultat Odile	1 244	
Réserves Odile		1 244
Dividendes touchés par Odile		
Odette 1 500 × 20 %		
Olivier 1 000 × 80 %		
Osiris 300 / 1,46 × 70 %		
Écart de conversion	97	
Capital Osiris *3 600 / 1,46 – 3 600 / 1,50*		66
Réserves Osiris *1 440 / 1,46 – 1 440 / 1,50*		26
Résultat Osiris *600 / 1,48 – 600 / 1,50*		5
Écart de conversion sur capitaux propres		
Autres dettes	1 400	
Créances		1 400
Dettes et créances réciproques		
Résultat Odile	120	
Impôts différés	60	
Stocks et en cours		180
Plus-values sur cessions internes de stocks 1 000 ×18 %		
Résultat Olivier *3 400 × 66 2/3 %*	2 267	
Impôts différés	1 133	
Immobilisations corporelles		3 400
Plus-values sur cession interne d'immobilisations 8 000 – 1 000 – (4 500 – 4 500 × 5/25)		
Immobilisations corporelles	75	
Résultat Odile		50
Impôts différés		25
Amortissement différentiel (6 600 / 20 – 4 500 / 25)× 6/12		

Il y a lieu ensuite de dégager le résultat net sur la cession de titres Odette.

Il faut d'abord pour cela déterminer quels étaient les écarts de première consolidation lors de la prise de participation.

Capitaux propres au 31 décembre N–3

10 000 + 4 000 + 4 000 = 18 000

Écarts d'évaluation nets d'impôt

(300 + 600 + 800) × 66 2/3 % = 1 200

Écarts d'acquisition (sur titres mis en équivalence)

6 900 – (18 000 + 1 200) × 30% = 1 140

Il est à noter que les écarts de première consolidation de la société Odette ne sont pas comptabilisés comme tels. La société étant mise en équivalence, il y a lieu cependant de tenir compte des écarts d'évaluation et de l'écart d'acquisition dans l'évaluation des titres.

Remarque

En normes françaises, les écarts d'acquisition sont sortis de la valeur des titres et constatés dans le compte « écarts d'acquisition » comme dans le cas de sociétés intégrées.

Le résultat net sur cession des titres Odette (par Odile) est égal au prix de cession diminué de la valeur d'équivalence des titres cédés au moment de la cession. Cette dernière se détermine à partir du bilan et des écarts de première consolidation relatifs à ces titres.

Bilan au 31.12.N–1 : 10 000 + 6 000 + 2 400 =	18 400
Écarts d'évaluation non amortis :	
1 200 – 900 × 5 % × 2 × 66 2/3 % =	1 140
	19 540
Quote-part de capitaux propres : 19 540 × 10 %	1 954
Écart d'acquisition : 1 140 ×10 % / 30 %	380
	2 334

Il est à noter qu'à compter de 2007, l'impôt sur les plus-values de cession des titres de participation est de 0 %.

La plus-value de cession enregistrée dans les comptes individuels est de 2 900 – 2 300 = 600 k€ alors que celle qui doit être constatée dans les comptes consolidés sera de 2 900 – 2 334 = 566 k€. Il y aura donc lieu de constater l'écriture de transfert suivante :

	Débit	Crédit
Résultat Odile	34	
Réserves Odile		34
600 – 566		

Il y a lieu ensuite d'affecter le résultat sur cession des droits de souscription et d'attribution part la société Odile.

Si x est le nombre de nouveaux titres souscrits par la société Odile :

$200\,000 \times 10{,}8 + (200\,000 - 5/2x) \times 1{,}2 + 240\,000 = (51 - 20 \times 1/2) \times x \Rightarrow x = 60\,000$

On aurait donc cédé 200 000 droits d'attribution et (200 000 – 60 000 × 5/2 = 50 000 droits de souscription pour 200 000 × 10,8 + 50 000 × 1,2 = 2 220 000 €.

La valeur d'acquisition du titre est égale à 12 400 000 / 200 000 = 62

La valeur du titre après augmentation de capital est égale à 10,8 × 5 = 54 ou 51 + 5/2 × 1,2 = 54

La valeur du titre avant est donc de 54 + 10,8 + 1,2 = 66 €.

La valeur d'acquisition du droit d'attribution est donc de $\frac{62 \times 10{,}8}{66} = 10{,}14545$

La valeur d'acquisition du droit de souscription est donc de $\frac{62 \times 1{,}2}{66} = 1{,}12727$

On aurait donc une valeur comptable de 200 000 × 10,14545 + 50 000 × 1,12727 = 2 085 000 €.

On passera alors l'écriture suivante (de retraitement en consolidation) :

Résultat Odile	135	
Réserves Odile		135
2 220 – 2 085		

Il y a lieu également de neutraliser les effets de l'absorption de la société Oswald par la société Olivier et de corriger les effets des variations des pourcentages d'intérêt.

Il faut donc pour cela analyser d'abord les conditions de la fusion (pour déterminer la valeur du titre Olivier après la fusion) :

Valeur de la société Oswald au 1er janvier N

Actif comptable	15 700
Plus-value terrain : 520 – 300	220
Plus-value construction : 1 200 – (1 000 – 300)	500
Dettes bilan	– 8 470
Impôts sur plus-values (220 + 500) × 33 1/3 % –	–240
	7 710

$$\textit{Goodwill} = (510 - 7\,710 \times 6\,\%) \times \frac{1 - 1{,}10^{-10}}{0{,}10} = 290$$

Valeur de la société : 7 710 + 290 = 8 000

Valeur de l'action $\frac{8\,000\,000}{50000} = 160$ €.

Valeur de la société Olivier

Actif comptable	45 100
Plus-value sur titres : 8 000 × 60 % – 3 300	1 500
Plus-values d'actif : 300 + 600 + 100	1 100
Impôt sur plus-value terrain et construction (1) :	
(300 + 600) × 33 1/3 %	– 300
Passif exigible	– 29 400
	16 000

(1) Pas d'impôt sur le fonds commercial (goodwill).

Valeur de l'action : $\dfrac{160\ 000}{250\ 000} = 64$ €

Cinq actions Olivier valent deux actions Oswald.

L'augmentation de capital sera de : 10 000 × 40 % × 5/2 = 50 000 actions Olivier soit 50 000 × 20 = 1 000 000 € et la prime de fusion (en milliers d'euros), l'apport étant effectué à la valeur comptable, de 15 700 (actifs) – 8 470 (passifs) – 1 000 (augmentation de capital) – 2 300 (valeur d'acquisition des titres de participation) = 2 930.

D'autre part, lors de la prise de contrôle de la société Oswald, on avait dégagé un écart de d'acquisition négatif calculé comme suit.

Capitaux propres au 31 décembre N–2

3 000 + 2 500 + 500 = 6 000

Écarts d'acquisition

3 300 – 6 000 × 60 % = 300 (négatif)

La situation nette consolidée de la société Oswald avant la fusion était de :	
• Capital + Réserves + résultat : 3 000 + 3 000 + 1 230	7 230
La situation nette consolidée de la société Olivier était avant la fusion de	
• Capital + Réserves + résultat non distribué :	
5 000 + 8 400 + 2 300 – 1 000	14 700
• Écart d'acquisition passé en résultat	– 300
• Écart d'évaluation non amorti 900 – 30 × 66 2/3 % =	880
	15 280
• Quote-part résultat Oswald 1 230 × 60 % =	738
• Quote-part de dividendes Oswald distribuée en N–1	
(3 000 + 2 500 + 500 – 3 000 – 3 000) × 60 % =	– 0
	16 018
Le montant des intérêts minoritaires est donc avant la fusion :	
• Intérêts Oswald : 7 230 × 40 % =	2 892
• Intérêts Olivier : 16 018 × 20 % =	3 204
	6 096
Après fusion, la situation nette de la société Olivier est la suivante :	
• Situation avant fusion	15 580
• Augmentation de capital	1 000
• Prime de fusion	2 930
	19 510

Le montant des intérêts minoritaires d'Odile sur Olivier (les intérêts minoritaires sont passés de 1/5 à 2/6) est de : 19 510 × 2/6 = 6 503. Il y a donc pas un écart avant ou après fusion pour les minoritaires.

On passera l'écriture suivante :

	Débit	Crédit
Intérêts minoritaires	407	
Réserves Odile		407
6 503 – 6 096		

Mise en équivalence titres Odette

On passera l'écriture suivante :

	Titres mis en équivalence *(10 000 + 6 900 + 1 600 + 1 200 – 900 × 5 % × 3 × 66 2/3 %) × 20 % + 1 140 × 20 %/ 30 %*	4 682	
	Titres Odette		4 600
	Réserves Odile *(6 900 – 4 000 – 4 000 – 900 × 5 % × 2 × 66 2/3 %) × 20 %*		(232)
	Résultat Odile *(1 600 – 900 × 5 % × 66 2/3 %)× 20 %*		314
	Mise en équivalence		

Intégration Osiris

On passera l'écriture suivante :

	Capital Osiris *3 600/ 1,46*	2 466	
	Réserves Osiris *1 440/ 1,46 + 219*	1 205	
	Résultat Osiris *600 / 1,48*	405	
	Écart de conversion (Osiris) – 97 – 6	(103)	
	Titres Osiris *4 325 – 711*		2 714
	Réserves Odile *(2 466 + 1 205) × 70 % – 2 714*		(144)
	Écart de conversion (Odile) *(103) × 70 %*		(72)
	Résultat Odile *405 × 70 %*		284
	Intérêts minoritaires *(2 466 + 1 205 – 103) × 30 %*		1 070
	Résultats minoritaires *405 × 20 %*		121
	Intégration Osiris		

Intégration Olivier

	Capital Olivier	9 000	
	Réserves Olivier *14 730 + 600 – 20*	15 310	
	Résultat Olivier *1 970 – 20– 2 267*	(287)	
	Titres Olivier *12 400 + 3 060* – 2 085 + 80*		13 455
	Réserves Odile *(9 000 + 15 310) × 26/45[a] – 13 455*		591
	Résultat Odile *(287) × 26/45*		(166)
	Intérêts minoritaires *(9 000 +15 310) × 19/45*		10 264
	Résultat minoritaires *(287) × 19/45*		(121)
	Intégration Olivier		

a. Nouveau pourcentage de participation dans la société Olivier : 200 000 + 60 000 = 260 000 sur 450 000.
** = 60 000 ×51*

On aura donc, en tenant compte de toutes ces écritures, les capitaux propres du bilan consolidé suivants :

Éléments	Analyse	Montants
Capital		20 000
Réserves groupe	39 000 + 80 +1 244 + 34 + 135 + 407 – 232 – 144 + 591	41 115
Écarts de conversion		– 72
Résultat groupe	6 500 – 1 244 – 120 + 50 – 34 – 135 + 314 + 284 – 166	5 449
		66 492
Intérêts minoritaires	– 407 + 1 070 + 10 264	10 927
Résultats minoritaires	121 – 121	0
		10 927
		77 419

2. Écritures conduisant au compte de résultat consolidé

		Débit	Crédit
	Dotations aux amortissements des immobilisations *600 × 5 %*	30	
	Résultat		20
	Impôts sur les bénéfices		
	Amortissement écart d'évaluation Olivier		
	Produits financiers	1 244	
	Résultat		1 244
	Dividendes filiales touchés par Odile		
	Résultat	5	
	Gains de change		5
	Écarts de conversion Osiris		
	Ventes de marchandises	10 000	
	Achats de marchandises		10 000
	Ventes d'Odile à Olivier		
	Variation de stock de marchandises	180	
	Résultat		120
	Impôts sur les bénéfices		60
	Plus-values sur cessions internes de stock		
	Produits des cessions d'éléments d'actif	8 000	
	Valeur comptable des éléments d'actifs cédés *1 000 + 4 500 – 4 500 × 5/25*		4 600
	Résultat		2 267
	Impôts sur les bénéfices		1 133
	Plus-value sur cessions internes d'immobilisations		

Résultat	50	
Impôts sur les bénéfices	25	
Dotations aux amortissements		75
Reprise amortissement sur plus-value		
Produits des cessions éléments d'actif	2 220	
Valeur nette comptable des éléments d'actifs cédés		2 085
Résultat		135
Annulation plus-value sur cessions droits de souscription et d'attribution		
Produits des cessions d'éléments d'actif	2 900	
Valeur comptable des éléments d'actifs cédés		2 300
Résultat		34
Résultat sur cessions de titres de participation		566
Cessions de titres Odette		
Résultat	314	
Quote-part des résultats des sociétés mises en équivalence		314
Quote-part de résultats sur Odette		

APPLICATION 23

Inventaire des méthodes de consolidation

Maillol et Manet sont intégrés globalement et Marceau sera mis en équivalence.

1. Calculs préliminaires

Écarts d'évaluation et d'acquisition sur titres Manet et Marceau

Titres Manet

Écart d'évaluation total (en k€) :	
Fonds commercial	500
Terrains	300
Constructions	600
Impôts différés : (300 + 600) × 33 1/3 % =	– 300
	1 100
Évaluation des capitaux propres au moment de l'acquisition (en k€)	
Capital	5 000
Réserves	2 300
Résultat	1 200
Provisions réglementées : 2 100 × 66 2/3 % =	1 400
Écarts d'évaluation	1 100
	11 000
Écart d'acquisition : 7 200 – 11 000 × 60 % =	600

Titres Marceau

Écart d'évaluation total (en k€) :	
Fonds commercial	300
Terrains	300
Constructions	300
Impôts différés : (300 + 300) × 33 1/3 % =	– 200
	700
Évaluation des capitaux propres au moment de l'acquisition (en k€)	
Capital	4 000
Réserves	1 200
Résultat	800
Provisions réglementées : 1 500 × 66 2/3 % =	1 000
Écarts d'évaluation	700
	7 700
Écart d'acquisition : 2 400 – 7 700 × 30 % =	90

Plus-value sur cession de l'ensemble immobilier et écart d'amortissement

Éléments en k€	
Prix de cession	340
Valeur nette comptable : 50 + 250 × 4 % × (25 – 5) =	250
Plus-value	90
Amortissement acquéreur : 260 × 5 % =	13
Amortissement vendeur : 250 × 4 % =	10
Écart	3

Dividendes versés en N

Éléments en k€	
– par Maillol : 900 – (6 500 – 6 000) =	400
– par Manet : 1 400 – (4 400 – 3 000) =	0
– par Marceau : 800 – (2 800 – 2 300) =	300

Valeur des titres mis en équivalence

Évaluation capitaux propres société Marceau	
Capital	4 000
Réserves	2 800
Résultat	1 200
Provisions réglementées : 900 × 66 2/3 %	600
Écart d'évaluation	700
Amortissement écart d'évaluation : 300 × 5 % × 4 × 66 2/3 %	– 40
	9 260
Quote-part des capitaux propres : 9 260 × 30 % =	2 778

2. Écritures hypothèse 1 (en k€)

	Débit	Crédit
Fonds commercial	500	
Terrains	300	
Constructions	600	
Impôts différés		300
Réserves Manet		1 100
Écart d'évaluation Manet		
Réserves Manet *30 × 66 2/3 % × 3*	60	
Résultat Manet *30 × 66 2/3 %*	20	
Impôts différés *120 × 33 1/3 %*	40	
Constructions *600 × 5 % × 4*		120
Amortissement écart d'évaluation depuis janvier N–3		
Écart d'acquisition	600	
Titres Manet		600
Écart Manet		
Écart d'acquisition	90	
Titres Marceau		90
Écart Marceau		
Résultat Maillol *600 / 10*	60	
Réserves Maillol *60 × 3*	180	
Écart d'acquisition		240
Amortissement écart d'acquisition Manet depuis janvier N–3		
Résultat Maillol *90 / 10*	9	
Réserves Maillol *9 × 3*	27	
Écart d'acquisition		36
Amortissement écart d'acquisition Marceau depuis janvier N–3		
Impôts différés	30	
Réserves Maillol *90 × 33 1/3 %*	60	
Terrains 80 – 50		30
Constructions 260 – 200		60
Plus-value cession immobilisation		
Constructions *3 × 3*	9	
Résultat Manet *3 × 66 2/3 %*		2
Réserves Manet *3 × 66 2/3 % × 2*		4
Impôts différés *9 × 33 1/3 %*		3
Retraitement amortissement construction cédée		

Résultat Maillol	90	
Réserves Maillol		90
Dividendes perçus par Maillol 300 × 30 %		
Résultat Magellan	320	
Réserves Magellan		320
Dividendes perçus par Magellan 400 × 80 %		
Provisions réglementées	2 700	
Impôts différés *2 700 × 33 1/3 %*		900
Réserves Magellan *2 400 × 66 2/3 %*		1 600
Résultat Magellan *(2 700 – 2 400) × 66 2/3 %*		200
Retraitement provisions réglementées Magellan		
Provisions réglementées	2 100	
Impôts différés *2 100 × 33 1/3 %*		700
Réserves Maillol *1 500 × 66 2/3 %*		1 000
Résultat Maillol *(2 100 – 1 500) × 66 2/3 %*		400
Retraitement provisions réglementées Maillol		
Provisions réglementées	1 500	
Impôts différés *1 500 × 33 1/3 %*		500
Réserves Manet *1 200 × 66 2/3 %*		800
Résultat Manet *(1 500 – 1 200) × 66 2/3 %*		200
Retraitement provisions réglementées Manet		
Titres mis en équivalence Marceau	2 778	
Titres Marceau *2 400 – 90*		2 310
Réserves Maillol *[2 800 – (1 200 + 800) – 300 × 5 % × 3 × 66 2/3 % – (1 500 – 1 200) × 66 2/3 %] × 30 %*		171
Résultat Maillol *[1 200 – 300 × 5 % × 66 2/3 % – (1 200 – 900) × 66 2/3 %] × 30 %*		297
Mise en équivalence Marceau		
Capital Manet	5 000,00	
Réserves Manet *4 400 + 1 100 – 60 + 4 + 800*	6 244,00	
Résultat Manet *800 – 20 + 2 + 200*	982,00	
Titres Manet *7 200 – 600*		6 600,00
Réserves Maillol *(5 000 + 6 244) × 60 % – 6 600*		146,40
Résultat Maillol *982 × 60 %*		589,20
Intérêts minoritaires *(5 000 + 6 244) × 40 %*		4 497,60
Résultats minoritaires *982 × 40 %*		392,80
Élimination titres Manet		

Capital Maillol	8 000,00	
Réserves Maillol *6 500 – 180 – 27 – 60 + 90 + 1 000 + 171 + 146,40*	7 640,40	
Résultat Maillol *1 200 – 60 – 9 – 90 + 400 + 297 + 589,20*	2 327,20	
Titres Maillol		6 400,00
Réserves Magellan *(8 000 + 7 640,40) × 80 % – 6 400 ou 7 640,40 × 80 %*		6 112,32
Résultat Magellan *2 327,20 × 80 %*		1 861,76
Intérêts minoritaires *(8 000 + 7 640,40) × 20 %*		3 128,08
Résultats minoritaires *2 327,20 × 20 %*		465,44
Élimination titres Maillol		

Dans le bilan consolidé, on aura les rubriques suivantes :

Capital	10 000
Réserves groupe : 5 500 + 320 + 1 600 + 6 112,32	13 532,32
Résultat groupe : 1 700 – 320 + 200 + 1 861,76	3 441,76
Intérêts minoritaires : 4 497,60 + 392,80 + 3 128,08 + 465,44	8 483,92

3. Écritures hypothèse 2 (en k€)

Certains calculs pris en compte dans cette hypothèse seront repris de l'hypothèse 1

Impôts différés	30	
Réserves Maillol *90 × 33 1/3 %*	60	
Terrains *80 – 50*		30
Constructions *260 – 200*		60
Plus-value cession immobilisation		
Constructions	9	
Résultat Manet *3 × 66 2/3 %*		2
Réserves Manet *3 × 66 2/3 % × 3*		4
Impôts différés *9 × 33 1/3 %*		3
Retraitement amortissement construction cédée		
Résultat Maillol	90	
Réserves Maillol		90
Dividendes perçus par Maillol 300 × 30 %		
Résultat Magellan	320	
Réserves Magellan		320
Dividendes perçus par Magellan 400 × 80 %		
Provisions réglementées	2 700	
Impôts différés *2 700 × 33 1/3 %*		900
Réserves Magellan *2 400 × 66 2/3 %*		1 600
Résultat Magellan *(2 700 – 2 400) × 66 2/3 %*		200
Retraitement provisions réglementées Magellan		

Provisions réglementées	2 100	
Impôts différés *2 100 × 33 1/3 %*		700
Réserves Maillol *1 500 × 66 2/3 %*		1 000
Résultat Maillol *(2 100 – 1 500) × 66 2/3 %*		400
Retraitement provisions réglementées Maillol		
Provisions réglementées	1 500	
Impôts différés *1 500 × 33 1/3 %*		500
Réserves Manet *1 200 × 66 2/3 %*		800
Résultat Manet *(1 500 – 1 200) × 66 2/3 %*		200
Retraitement provisions réglementées Manet		
Titres mis en équivalence Marceau	2 778	
Écart d'acquisition	54	
Résultat Maillol *90/10 (amortissement écart d'acquisition)*	9	
Réserves Maillol *9 × 3*	27	
Titres Marceau		2 400
Réserves Maillol *[2 800 – (1 200 + 800) – 300 × 5 % × 3 × 66 2/3 % – (1 500 – 1 200) × 66 2/3 %] × 30 %*		171
Résultat Maillol *[1 200 – 300 × 5 % × 66 2/3 % – (1 200 – 900) × 66 2/3 %] × 30 %*		297
Mise en équivalence Marceau		
Capital Manet	5 000,00	
Réserves Manet *4 400 + 1 100 + 800 + 1 040*	6 244,00	
Résultat Manet *800 + 2 + 200 – 20*	982,00	
Fonds commercial	500,00	
Terrains	300,00	
Constructions *600 – 600 × 5 % × 4*	480,00	
Écart d'acquisition	600,00	
Titres Manet		7 200,00
Impôts différés *300 – 120 × 33 1/3 %*		260,00
Réserves Manet *1 100 – 30 × 66 2/3 % × 3*		1 040,00
Résultat Manet *– 30 × 66 2/3 %*		– 20,00
Réserves Maillol *(5 000 + 6 244) × 60 % – 6 600*		146,40
Résultat Maillol *982 × 60 %*		589,20
Intérêts minoritaires *(5 000 + 6 244) × 40 %*		4 497,60
Résultats minoritaires *982 × 40 %*		392,80
Élimination titres Manet		
Résultat Maillol *600 / 10*	60	
Réserves Maillol *60 × 3*	180	
Écart d'acquisition		240
Amortissement écart d'acquisition Manet depuis janvier N–3		

Capital Maillol	8 000,00	
Réserves Maillol *6 500 – 180 – 27 – 60 + 90 + 1 000 + 171 + 146,40*	7 640,40	
Résultat Maillol *1 200 – 60 – 9 – 90 + 400 + 297 + 589,20*	2 327,20	
Titres Maillol		6 400,00
Réserves Magellan *(8 000 + 7 640,40) × 80 % – 6 400 ou 7 640,40 × 80 %*		6 112,32
Résultat Magellan *2 327,20 × 80 %*		1 861,76
Intérêts minoritaires *(8 000 + 7 640,40) × 20 %*		3 128,08
Résultats minoritaires *2 327,20 × 20 %*		465,44
Élimination titres Maillol		

Bien entendu, les postes du bilan ont la même valeur que dans l'hypothèse 1.

4. Écritures hypothèse 3 (en k€)

Le pourcentage d'intérêt de la société Magellan sera de :

– sur la société Maillol : 80 % (intérêts minoritaires 20 %) ;

– sur la société Manet : 60 % × 80 % = 48 % (intérêts minoritaires : 52 %).

Nota : Certains détails de calculs sont fournis dans l'écriture correspondante de l'hypothèse 1.

Fonds commercial	500	
Terrains	300	
Constructions	600	
Impôts différés		300
Réserves Magellan *1 100 × 48 %*		528
Intérêts minoritaires *1 100 × 52 %*		572
Écart d'évaluation Manet		
Réserves Magellan *60 × 48 %*	28,80	
Intérêts minoritaires *60 × 52 %*	31,20	
Résultat Magellan *20 × 48 %*	9,60	
Résultats minoritaires *20 × 52 %*	10,40	
Impôts différés *120 × 33 1/3 %*	40,00	
Constructions *600 × 5 % × 4*		120
Amortissement écart d'évaluation depuis janvier N–3		
Écart d'acquisition	600	
Titres Manet		600
Écart Manet		
Écart d'acquisition	90	
Titres Marceau		90
Écart Marceau		

Résultat Magellan *60 × 80 %*	48	
Résultats minoritaires *60 × 20 %*	12	
Réserves Magellan *180 × 80 %*	144	
Intérêts minoritaires *180 × 20 %*	36	
Écart d'acquisition		240
Amortissement écart d'acquisition Manet depuis janvier N–3		
Résultat Magellan *9 × 80 %*	7,20	
Résultats minoritaires *9 × 20 %*	1,80	
Réserves Magellan *27 × 80 %*	21,60	
Intérêts minoritaires *27 × 20 %*	5,40	
Écart d'acquisition		36
Amortissement écart d'acquisition Marceau depuis janvier N–3		
Impôts différés	30	
Réserves Magellan *60 × 80 %*	48	
Intérêts minoritaires *60 × 20 %*	12	
Terrains *80 – 50*		30
Constructions *260 – 200*		60
Plus-value cession immobilisation		
Constructions	9	
Résultat Magellan *2 × 48 %*		0,96
Résultats minoritaires *2 × 52 %*		1,04
Réserves Magellan *4 × 48 %*		1,92
Intérêts minoritaires *4 × 52 %*		2,08
Impôts différés *9 × 33 1/3 %*		3,00
Retraitement amortissement construction cédée		
Résultat Magellan *90 × 80 %*	72	
Résultats minoritaires *90 × 20 %*	18	
Réserves Magellan		72
Intérêts minoritaires		18
Dividendes perçus par Maillol 300 × 30 %		
Résultat Magellan	320	
Réserves Magellan		320
Dividendes perçus par Magellan 400 × 80 %		
Provisions réglementées	2 700	
Impôts différés *2 700 × 33 1/3 %*		900
Réserves Magellan *2 400 × 66 2/3 %*		1 600
Résultat Magellan *(2 700 – 2 400) × 66 2/3 %*		200
Retraitement provisions réglementées Magellan		

Provisions réglementées	2 100	
Impôts différés *2 100 × 33 1/3 %*		700
Réserves Magellan *1 000 × 80 %*		800
Intérêts minoritaires *1 000 × 20 %*		200
Résultat Maillol *400 × 80 %*		320
Résultats minoritaires *400 × 20 %*		80
Retraitement provisions réglementées Maillol		
Provisions réglementées	1 500	
Impôts différés *1 500 × 33 1/3 %*		500
Réserves Magellan *800 × 48 %*		384
Intérêts minoritaires *800 × 52 %*		416
Résultat Magellan *200 × 48 %*		96
Résultats minoritaires *200 × 52 %*		104
Retraitement provisions réglementées Manet		
Titres mis en équivalence Marceau	2 778	
Titres Marceau *2 400 – 90*		2 310,00
Réserves Magellan *171 × 80 %*		136,80
Intérêts minoritaires *171 × 20 %*		34,20
Résultat Magellan *297 × 80 %*		237,60
Résultats minoritaires *297 × 20 %*		59,40
Mise en équivalence Marceau		
Capital Manet	5 000	
Réserves Manet	4 400	
Résultat Manet	800	
Titres Manet *7 200 – 600*		6 600
Réserves Magellan *(5 000 + 4 400) × 48 % – 6 600× 80 %*		– 768
Résultat Magellan *800 × 48 %*		384
Intérêts minoritaires *(5 000 + 4 400) × 52 %– 6 600 × 20 %*		3 568
Résultats minoritaires *800 × 52 %*		416
Élimination titres Manet		
Capital Maillol	8 000	
Réserves Maillol	6 500	
Résultat Maillol	1 200	
Titres Maillol		6 400
Réserves Magellan *(8 000 + 6 500) × 80 % – 6 400 ou 6 500 × 80 %*		5 200
Résultat Magellan *1 200 × 80 %*		960
Intérêts minoritaires *(8 000 + 6 500) × 80 %*		2 900
Résultats minoritaires *1 200× 20 %*		240
Élimination titres Maillol		

Dans le bilan consolidé, on aura les rubriques suivantes :

Capital	10 000,00
Réserves groupe : 5 500 + 528 – 28,80 – 144 – 21,60 – 48 + 1,92 + 72 + 320 + 1 600 + 800 + 384 + 136,80 – 768 + 5 200	13 532,32
Résultat groupe : 1 700 – 9,60 – 48 – 7,20 + 0,96 – 72 – 320 + 200 + 320 + 96 + 237,60 + 384 + 960	3 441,76
Intérêts minoritaires : 572 – 31,20 – 10,40 – 12 – 36 – 1,80 – 5,40 – 12 + 1,04+ 2,08 – 18 + 18 + 200 + 80 + 416 + 104 + 34,20 + 59,40 + 3 568 + 416 + 2 900 + 240	8 483,92

5. Écritures hypothèse 4 (en k€)

NB Certains détails de calculs sont fournis dans l'écriture correspondante de l'hypothèse 1.

	Débit	Crédit
Impôts différés	30	
Réserves Magellan *60 × 80 %*	48	
Intérêts minoritaires *60 × 20 %*	12	
Terrains *80 – 50*		30
Constructions *260 – 200*		60
Plus-value cession immobilisation		
Constructions	9	
Résultat Magellan *2 × 48 %*		0,96
Résultats minoritaires *2 × 52 %*		1,04
Réserves Magellan *4 × 48 %*		1,92
Intérêts minoritaires *4 × 52 %*		2,08
Impôts différés *9 × 33 1/3 %*		3,00
Retraitement amortissement construction cédée		
Résultat Magellan *390 × 80 %*	72	
Résultats minoritaires *390 × 20 %*	18	
Réserves Magellan		72
Intérêts minoritaires		18
Dividendes perçus par Maillol 300 × 30 %		
Résultat Magellan	320	
Réserves Magellan		320
Dividendes perçus par Magellan 400 × 80 %		
Provisions réglementées	2 700	
Impôts différés *2 700 × 33 1/3 %*		900
Réserves Magellan *2 400 × 66 2/3 %*		1 600
Résultat Magellan *(2 700 – 2 400) × 66 2/3 %*		200
Retraitement provisions réglementées Magellan		
Provisions réglementées	2 100	
Impôts différés *2 100 × 33 1/3 %*		700
Réserves Magellan *1 000 × 80 %*		800
Intérêts minoritaires *1 000 × 20 %*		200
Résultat Maillol *400 × 80 %*		320
Résultats minoritaires *400 × 20 %*		80
Retraitement provisions réglementées Maillol		

Provisions réglementées	1 500	
Impôts différés *1 500 × 33 1/3 %*		500
Réserves Magellan *800 × 48 %*		384
Intérêts minoritaires *800 × 52 %*		416
Résultat Magellan *200 × 48 %*		96
Résultats minoritaires *200 × 52 %*		104
Retraitement provisions réglementées Manet		
Titres mis en équivalence Marceau	2 778,00	
Écart d'acquisition	54,00	
Résultat Magellan *9 × 80 %*	7,20	
Résultats minoritaires *9 × 20 %*	1,80	
Réserves Magellan *27 × 80 %*	21,60	
Intérêts minoritaires *27 × 20 %*	5,40	
Titres Marceau		2 400,00
Réserves Magellan *171 × 80 %*		136,80
Intérêts minoritaires *171 × 20 %*		34,20
Résultat Magellan *297 × 80 %*		237,60
Résultats minoritaires *297 × 20 %*		59,40
Mise en équivalence Marceau		
Capital Manet	5 000	
Réserves Manet	4 400	
Résultat Manet	800	
Fonds commercial	500	
Terrains	300	
Constructions	600	
Écart d'acquisition	600	
Titres Manet		7 200
Impôts différés		300
Réserves Magellan *(5 000 + 4 400+ 1 100) × 48 % – 6 600× 80 %*		– 240
Résultat Magellan *800 × 48 %*		384
Intérêts minoritaires *(5 000 + 4 400 + 1 100) × 52 %– 6 600× 20 %*		4 140
Résultats minoritaires *800 × 52 %*		416
Élimination titres Manet		
Réserves Magellan *60 × 48 %*	28,80	
Intérêts minoritaires *60 × 52 %*	31,20	
Résultat Magellan *20 × 48 %*	9,60	
Résultats minoritaires *20 × 52 %*	10,40	
Impôts différés *120 × 33 1/3 %*	40,00	
Constructions *600 × 5 % × 4*		120
Amortissement écart d'évaluation depuis janvier N–3		

Résultat Magellan *60 × 80 %*	48	
Résultats minoritaires *60 × 20 %*	12	
Réserves Magellan *180 × 80 %*	144	
Intérêts minoritaires *180 × 20 %*	36	
Écart d'acquisition		240
Amortissement écart d'acquisition Manet depuis janvier N–3		
Capital Maillol	8 000	
Réserves Maillol	6 500	
Résultat Maillol	1 200	
Titres Maillol		6 400
Réserves Magellan *(8 000 + 6 500) × 80 % – 6 400 ou 6 500 × 80 %*		5 200
Résultat Magellan *1 200 × 80 %*		960
Intérêts minoritaires *(8 000 + 6 500) × 80 %*		2 900
Résultats minoritaires *1 200× 20 %*		240
Élimination titres Maillol		

Bien entendu, les postes du bilan ont la même valeur que dans les autres hypothèses.

APPLICATION 24

Documents de synthèse consolidés normes françaises

1. Écritures de retraitement

a) Différences de première consolidation

Actions Marina souscrites en N–5

Actif net au 1er juillet N–5 :

• Capital	100 000
• Réserves	30 000
• Résultat	6 000
• Provisions réglementées : 18 000 × 66 2/3 % =	12 000
• Plus-values sur immobilisations incorporelles	6 000
• Plus-values sur terrains : 9 000 × 66 2/3 %	6 000
• Plus-values sur constructions : 12 000 × 66 2/3 %	8 000
	168 000
• Écart d'acquisition : 120 400 – 168 000 × 70 % =	2 800

Actions Martine acquises en N–4

Actif net au 1er juillet N–4 :

• Capital	100 000

• Réserves	70 000
• Résultat	8 000
• Provisions réglementées : 15 000 × 66 2/3 % =	10 000
	188 000
Écart d'acquisition : 139 200 – 188 000 × 60 % =	26 400

Actions Madeleine souscrites en N–2

Actif net au 1er juillet N–2 :	
• Capital	120 000
• Réserves	40 000
• Résultat	4 000
• Provisions réglementées : 30 000 × 66 2/3 % =	20 000
• Plus-values sur immobilisations incorporelles	8 000
• Plus-values sur terrains : 3 000 × 66 2/3 %	2 000
• Plus-values sur constructions : 12 000 × 66 2/3 %	8 000
	202 000
Écart d'acquisition : 61 200 – 202 000 × 30 % =	600

Écritures de consolidation du bilan

Actif immobilisé	27 000	
Impôts différés *(9 000 + 12 000) × 33 1/3 %*		7 000
Réserves Marina		20 000
Écart d'évaluation Marina		
Résultat Marina *12 000 / 20 × 66 2/3 %*	400	
Réserves Marina *400 × 4,5*	1 800	
Impôts différés	1 100	
Actif immobilisé *12 000 / 20 × 5,5*		3 300
Amortissement écart d'évaluation Marina		
Écart d'acquisition	2 800	
Titres de participation (Marina)		2 800
Écart d'acquisition Marina		
Résultat Mariette *2 800 / 10*	280	
Réserves Mariette *280 × 4,5*	1 260	
Écart d'acquisition		1 540
Amortissement écart d'acquisition		
Écart d'acquisition	26 400	
Titres de participation (Martine)		26 400
Écart d'acquisition Martine		

Résultat Mariette *26 400 / 10* Réserves Mariette *2 640 × 3,5* Écart d'acquisition *Amortissement écart d'acquisition*	2 640 9 240	 11 880
Écart d'acquisition Titres de participation (Madeleine) *Écart d'acquisition Madeleine*	600	 600
Résultat Mariette *600 / 10* Réserves Mariette *60 × 1,5* Écart d'acquisition *Amortissement écart d'acquisition*	60 90	 150

Écritures de consolidation du résultat

Dotations aux amortissements des immobilisations
  Résultat
  Impôt sur les bénéfices
Amortissement écart d'évaluation Marina
	600	
		400
		200

Dotations aux amortissements des écarts d'acquisition Résultat *280 + 2 640 + 60*	2 980	 2 980

b) Opération de cession d'immobilisations

La plus-value dégagée est égale à :

- Prix de cession[1] : 13 900
- Valeur nette comptable : 2 800 + 10 800 × 21/30 = – 10 360

3 540

Le complément d'amortissement comptabilisé est égal à :

6/12 × (9 900 /22 – 10 800 /30) = 45

Écritures de consolidation du bilan

Résultat Mariette *3 540 × 66 2/3 %* Impôts différés *3 540 × 33 1/3 %* Actif immobilisé *Plus-value de cession*	2 360 1 180	 3 540

Actif immobilisé
  Résultat Marina *45 × 66 2/3 %*
  Impôts différés *30 × 33 1/3 %*
Complément d'amortissement
	45	
		30
		15

(1) Imprimé 13 000 au lieu de 13 900 dans l'énoncé. Le corrigé est établi à partir d'un prix de cession de 13 900.

Écritures de consolidation du compte de résultat

Produits	13 900	
Charges		10 360
Impôts sur les bénéfices		1 180
Résultat		2 360
Plus-value de cession		
Résultat	30	
Impôts sur les bénéfices	15	
Dotations aux amortissements		45
Complément d'amortissement		

c) Emprunts de Marina à Mariette

Il y a lieu d'éliminer les postes réciproques.

Écriture de consolidation du bilan

Dettes	12 480	
Actif immobilisé		12 480
Emprunts et intérêts courus : 12 000 + 12 000 × 8 % × 6/12		

Écriture de consolidation du compte de résultat

Produits	480	
Charges		480
Produits et charges financiers courus du 1.7 au 31.12		

d) Dividendes des filiales

Il faut transférer les dividendes versés dans les réserves.

Écritures de consolidation du bilan

Résultat Marina	3 600	
Réserves Marina		3 600
Dividendes Martine : 6 000 × 60 %		
Résultat Mariette	8 000	
Réserves Mariette		8 000
Dividendes Marina : 8 000 × 70 %		
Dividendes Madeleine : 8 000 × 30 %		

Écriture de consolidation du compte de résultat

Produits Résultat *Élimination produits financiers*	11 600	11 600

e) Provisions réglementées

Il y a lieu de retraiter les provisions réglementées de chaque bilan.

Écritures de consolidation du bilan

Provisions réglementées	36 000	
Impôts différés *36 000 × 33 1/3 %*		12 000
Résultat Mariette *(24 000 – 12 000) × 66 2/3 %*		8 000
Réserves Mariette		16 000
Retraitement provisions Mariette		
Provisions réglementées	24 000	
Impôts différés *24 000 × 33 1/3 %*		8 000
Résultat Marina *(18 000 – 9 000) × 66 2/3 %*		6 000
Réserves Marina		10 000
Retraitement provisions Mariette		
Provisions réglementées	30 000	
Impôts différés *30 000 × 33 1/3 %*		10 000
Résultat Martine *(12 000 – 18 000) × 66 2/3 %*		– 4 000
Réserves Martine		24 000
Retraitement provisions Martine		
Provisions réglementées	21 000	
Impôts différés *21 000 × 33 1/3 %*		7 000
Résultat Mathilde *(7 500 – 10 500) × 66 2/3 %*		– 2 000
Réserves Mathilde		16 000
Retraitement provisions Mathilde (à 50 %)		

Écriture de consolidation du compte de résultat

Produits *12 000 + 9 000 + 18 000 + 21 000/2*	49 500	
Impôts sur les bénéfices *(61 500 – 49 500) × 33 1/3 %*	4 000	
Résultat *8 000 + 6 000 – 4 000 – 2 000*	8 000	
Charges *24 000 + 18 000 + 12 000 + 15 000 /2*		61 500
Retraitement provisions réglementées		

f) Mise en équivalence société Madeleine

La mise en équivalence de la société Madeleine implique de recalculer selon les règles de la consolidation les postes « Réserves » et « Résultats » de la société Madeleine au 31 décembre N :

Poste « Réserves »

• Réserves bilan de la société	56 000
• Écart d'évaluation *8 000 + 2 000 + 8 000*1	18 000
• Amortissement écart d'évaluation : 12 000 × 1,5/20 × 66 2/3 %	– 600
• Provisions réglementées : (24 000 + 3 000 – 6 000) × 66 2/3 %	14 000
	87 400

Poste « Résultats »

• Résultat bilan de la société	18 000
• Amortissement de l'écart d'évaluation : 12 000 / 20 × 66 2/3 %	– 400
• Provisions réglementées (6 000 – 3 000) × 66 2/3 % =	2 000
	19 600

Écriture de consolidation du bilan

Titres mis en équivalence *(120 000 + 87 400 + 19 600) × 30 %*	68 100	
Titres de participation (Madeleine) *61 200 – 600*		60 600
Réserves Mariette *(120 000 + 87 400) × 30 % – 60 600*		1 620
Résultat Mariette *19 600 × 30 %*		5 880
Mise en équivalence Madeleine		

Écriture de consolidation du compte de résultat

Résultat	5 880	
Quote-part des résultats des sociétés mises en équivalence		5 880
Mise en équivalence Madeleine		

g) Élimination des titres Mathilde

Capital Mathilde	40 000	
Réserves Mathilde *23 000 + 16 000*	39 000	
Résultats Mathilde *4 000 – 2 000*	2 000	
Titres de participation (Mathilde)		40 000
Réserves Mariette		39 000
Résultat Mariette		2 000
Élimination titres de participation		

h) Élimination des titres Martine

Capital Martine	100 000	
Réserves Martine *90 000 + 24 000*	114 000	
Résultats Martine *15 000 – 4 000*	11 000	
Titres de participation (Martine) *139 200 – 26 400*		112 800
Réserves Marina *(100 000 + 114 000) × 60 % – 112 800*		15 600
Résultat Marina *11 000 × 60 %*		6 600
Intérêts minoritaires *(100 000 + 114 000) × 40 %*		85 600
Résultats minoritaires *11 000 × 40 %*		4 400
Élimination titres Martine		

i) Élimination des titres Marina

Capital Marina	160 000	
Réserves Marina *125 026 + 20 000 – 1 800– 9 240 + 3 600 + 10 000 + 15 600*	163 186	
Résultats Marina *20 000 – 400 – 2 640 + 30 – 3 600 + 6 000 + 6 600*	25 990	
Titres de participation (Marina) *120 400 + 116 992 – 2 800*		234 592
Réserves Mariette *(160 000 + 163 186) × 80 % – 234 592*		23 957
Résultat Mariette*25 990 × 80 %*		20 792
Intérêts minoritaires *(160 000 + 163 186) × 20 %*		64 637
Résultats minoritaires *25 990 × 20 %*		5 198
Élimination titres Marina		

2. Établissement du bilan et du compte de résultat consolidé

Établissement d'un bilan cumulé (Sociétés Mariette + Marina + Martine + 50 % de Mathilde)

	Mariette	Marina	Martine	Mathilde	Total
Actif immobilisé (titres exclus)	311 500	268 800	225 000	79 000	884 300
Titres de participation	338 592	139 200			477 792
Actif circulant	225 908	236 000	250 000	75 000	786 908
	876 000	644 000	475 000	154 000	2 149 000
Capital	200 000	160 000	100 000	40 000	500 000
Réserves	180 000	125 026	90 000	23 000	418 026
Résultat de l'exercice	30 000	20 000	15 000	4 000	69 000
Provisions réglementées	36 000	24 000	30 000	21 000	111 000
Provisions pour risques	5 000	8 000	6 000	2 000	21 000
Dettes	425 000	306 974	234 000	64 000	1 029 974
	876 000	644 000	475 000	145 000	2 149 000

Compte tenu du bilan cumulé et des écritures de retraitement du bilan, on obtiendra le bilan suivant :

Écarts d'acquisition Actif immobilisé Titres mis en équivalence Actif circulant	16 230 892 025 68 100 786 908	Capital Réserves Résultats Intérêts minoritaires Résultats minoritaires Provisions pour risques Impôts différés Dettes	200 000 267 227 55 972 150 237 9 598 21 000 41 735 1 017 494
	1 763 263		1 763 263

Explication des postes

Écarts d'acquisition : 2 800 – 1 540 + 26 400 – 11 880 + 600 – 150 = 16 230

Actif immobilisé : 884 300 + 27 000 – 3 300 – 3 540 + 45 – 12 480 = 892 025

Capital : c'est le capital de la société-mère

Réserves : 180 000 – 90 –1 260 + 8 000 + 16 000 + 1 620 + 39 000 + 23 957 = 267 227

Résultats : 30 000 – 60 – 280 – 2 360 – 8 000 + 8 000 + 5 880 + 2 000 + 20 792 = 55 972

Intérêts minoritaires : 85 600 + 64 637 = 150 237

Résultats minoritaires : 4 400 + 5 198 = 9 598

Impôts différés : 7 000 – 1 100 – 1 180 + 15 + 12 000 + 8 000 + 10 000 + 7 000 = 41 735

Dettes : 1 029 974 – 12 480 = 1 017 494

Établissement d'un compte de résultat cumulé (Sociétés Mariette + Marina + Martine + 50 % de Mathilde)

	Mariette	Marina	Martine	Mathilde	Total
Charges	872 000	718 000	537 000	176 000	2 303 000
Dotations aux amortissements	80 000	50 000	40 000	18 000	188 000
Impôts sur les bénéfices	18 000	12 000	8 000	2 000	40 000
Résultat net comptable	30 000	20 000	15 000	4 000	69 000
	1 000 000	800 000	600 000	200 000	2 600 000
Produits	1 000 000	800 000	600 000	200 000	2 600 000
	1 000 000	800 000	600 000	200 000	2 600 000

Compte tenu du compte de résultat cumulé et des écritures de retraitement du compte de résultat, on obtiendra le bilan suivant :

Charges Dotations aux amortissements Dotations aux amortissements des écarts d'acquisition Impôts sur les sociétés Résultat	2 230 660 188 555 2 980 42 635 65 570	Produits Quote-part des résultats mis en équivalence	2 524 520 5 880
	2 530 400		2 530 400

Explication des postes

Charges : 2 303 000 – 10 360 – 480 – 61 500 = 2 230 660

Dotations aux amortissements : 188 000 + 600 – 45 = 188 555

Impôts sur les bénéfices : 40 000 – 200 – 1 180 + 15 + 4 000 = 42 635

Bénéfice net comptable : 69 000 – 400 – 2 980 – 2 360 + 30 – 11 600 + 8 000 + 5 880 = 65 570

Produits : 2 600 000 – 13 900 – 480 – 11 600 – 49 500 = 2 524 520

Le résultat se compose :

– du résultat revenant à la société mère :	55 972
– du résultat revenant aux minoritaires	9 598
	65 570

3. Établissement du tableau de financement

a) Établissement d'un tableau de financement cumulé (sociétés Mariette + Marina + Martine + 50 % de Mathilde)

	Mariette	Marina	Martine	Mathilde	TOTAL
Capacité d'autofinancement	83 000	78 000	40 000	19 000	220 000
Cessions éléments d'actif	16 000	4 000	3 000	3 000	26 000
Augmentation capitaux propres		121 026			121 026
Augmentation dettes financières	50 000	14 974	6 000		70 974
	149 000	218 000	49 000	22 000	438 000
Dividendes versés	16 000	8 000	6 000		30 000
Investissements	132 000	187 000	26 000	20 000	365 000
Remboursements d'emprunts	6 000	2 000	5 000		13 000
Variation fonds de roulement	– 5 000	21 000	12 000	2 000	30 000
	149 000	218 000	49 000	22 000	438 000

À partir de ce tableau cumulé et en effectuant les retraitements ci-après décrits, on obtient le tableau de financement suivant :

	Montants
Capacité d'autofinancement Cessions éléments d'actif Augmentation capitaux propres Augmentation dettes financières	209 065 12 100 4 034 58 974
	284 173
Dividendes versés Investissements Remboursements d'emprunts Variation fonds de roulement	20 800 222 108 13 000 28 265
	284 173

b) Analyse des différents postes

Capacité d'autofinancement :

• Montant cumulé	220 000
• Dividendes intra-groupe versés : 3 600 (Martine) + 5 600 (Marina) =	– 9 200
• Impôts différés imputés à l'exercice : 41 735 – 40 000 =	– 1 735
	209 065

Cessions d'éléments d'actif

• Montant cumulé	26 000
• Cession immeuble de Mariette à Marina	– 13 900
	12 100

Augmentation de capitaux propres

• Montant cumulé	21 026
• Augmentation souscrite par Mariette	– 116 992
	4 034

Augmentation des dettes financières

• Montant cumulé	70 974
• Emprunt de Marina à Mariette	– 12 000
	58 974

Dividendes versés

• Montant cumulé	30 000
• Dividendes intra-groupe	– 9 200
	20 800

Investissements

• Montant cumulé	365 000
• Titres souscrits par Mariette	116 992
• Prêt de Mariette à Marina	– 12 000
• Acquisition immeuble de Marina à Mariette	– 13 900
	222 108

Variation du fonds de roulement	
• Montant cumulé	30 000
• Impôts de l'exercice différés	– 1 735
	28 265

c) Tableau de flux de trésorerie

Établi sous forme de tableau de flux de trésorerie, le tableau se présenterait comme suit :

Flux de trésorerie liés à l'activité		
Marge brute d'autofinancement	+209 065	
Variation du besoin en fonds de roulement lié à l'activité 28 265 – (18 000 – 13 000)	– 23 265	
Flux net de trésorerie généré par l'activité		185 800
Flux de trésorerie liés aux opérations d'investissement		
Acquisition d'immobilisations	– 222 108	
Cessions d'immobilisations	+ 12 100	
Flux net de trésorerie lié aux opérations d'investissement		– 210 008
Flux de trésorerie liés aux opérations de financement		
Dividendes versés	– 20 800	
Augmentations de capital en numéraire	+ 4 034	
Émissions d'emprunts	+ 58 974	
Remboursements d'emprunts	– 13 000	
Flux net de trésorerie lié aux opérations de financement		29 208
Variation de trésorerie		5 000
Trésorerie d'ouverture	13 000	
Trésorerie de clôture	18 000	

4. Établissement du tableau de variation des capitaux propres

Ce tableau se présentera comme suit :

	Groupe	Minoritaires
Situation en début d'exercice – capital et réserves – résultats	 437 692 45 535	 140 153 10 850
Total	483 227	151 003
Augmentation du capital (apports minoritaires) Dividendes versés par la mère Dividendes versés aux minoritaires	 – 16 000 	4 034 – 4 800
Situation en fin d'exercice (capital et réserves)	467 227	150 237
Résultat de l'exercice	55 972	9 598
Total	523 199	159 835

Augmentation de capital : 121 026 − 116 992 = 4 034
Dividendes versés par les minoritaires :

Marina : 8 000 × 30 % =	2 400
Martine : 6 000 × 40 % =	2 400
	4 800

APPLICATION 25

Documents de synthèse consolidés IFRS

1. Bilan consolidé

Il y a lieu de préciser au préalable que les normes IFRS n'imposent pas de modèles de présentation des états financiers. Toutefois, la norme IAS 1 dans son annexe propose des présentations de compte de résultat et de bilan.

En fonction de ces présentations, et avec quelques aménagements, le bilan consolidé du groupe Hector pourra se présenter ainsi :

BILAN

Actifs non courants		**Capitaux propres attribuables aux actionnaires de la société mère**	
Immobilisations corporelles (1)	1 490 000	Capital émis	700 000
Goodwill (2)	280 000	Autres réserves (10)	219 200
Autres immobilisations incorporelles (3)	90 000	Bénéfices non distribués	481 400
Participations dans les entreprises associées (mise en équivalence)	170 000	Résultat de l'exercice	160 000
Autres titres disponibles à la vente (4)	70 000	*Moins* actions propres	(100 000)
Autres immobilisations financières (5)	10 000		1 460 600
	2 110 000	**Intérêts minoritaires (11)**	314 400
Actifs courants		**Total Capitaux propres**	1 775 000
Stocks (6)	290 000		
Créances clients (7)	950 000	**Passifs non courants**	
Autres actifs courants (8)	25 000	Emprunts à long terme (12)	355 000
Instruments de trésorerie actif	60 000	Impôts différés	106 000
Trésorerie et équivalents (9)	150 000	Provisions à long terme	50 000
	1 475 000	Avantages au personnel	250 000
			761 000

☞

		Passifs courants	
		Fournisseurs et autres créditeurs (13)	690 000
		Emprunts à court terme (14)	130 000
		Partie à court terme des emprunts à long terme (15)	125 000
		Impôts exigibles (16)	70 000
		Instruments de trésorerie – passifs	4 000
		Provisions à court terme	30 000
			1 049 000
Total	3 585 000	Total	3 585 000

(1) 190 000 (compte 211) + 600 000 (compte 213) + 1 100 000 (compte 215) + 220 000 (compte 218) – 220 000 (compte 2813) – 325 000 (compte 2815) – 50 000 (compte 2818) – 25 000 (compte 2911)
(2) 400 000 (compte 207) – 120 000 (compte 2907)
(3) 80 000 (compte 203) + 100 000 (compte 205) – 50 000 (compte 2803) – 40 000 (compte 2805)
(4) 70 000(compte 271)
(5) 10 000 (compte 274)
(6) 150 000 (compte 310) + 160 000 (compte 355) – 20 000 (compte 3910)
(7) 900 000 (compte 411) + 50 000 (compte 4181)
(8) 25 000 (compte 486)
(9) 50 000 (compte 500) + 100 000 (compte 512)
(10) 175 000 (compte 1041) + 31 600 (compte 1071) + 12 600 (compte 1078)
(11) 254 400 (compte 108) + 60 000(compte 128)
(12) 250 000 (compte 163) + 100 000 (compte 167) + 5 000 (compte 1688)
(13) 220 000 (compte 401) + 220 000 (compte 421) + 120 000 (compte 431) + 50 000 (compte 437) + 65 000 (compte 467) + 15 000 (compte 487)
(14) 130 000 (compte 1681)
(15) 60 000 (compte 163) + 20 000 (compte 167) + 45 000 (compte 1688)
(16) 30 000 (compte 444) + 40 000 (compte 4455)

Nota : La rubrique « Résultat » du bilan peut n'être pas présentée séparément et être regroupée avec la rubrique « Bénéfices mis en réserves ». Dans ce cas, le montant correspondant à cette rubrique serait de 481 400 + 160 000 = 641 400 k€.

2. Compte de résultat consolidé (charges par nature)

Produits des activités ordinaires (1)	5 000 000
Autres produits (2)	50 000
Variations des stocks des produits finis et en cours	(20 000)
Marchandises et matières consommées (3)	(2 950 000)
Frais de personnel (4)	(1 130 000)
Amortissements et dépréciations (5)	(130 000)
Dépréciation des immobilisations corporelles	(5 000)
Autres charges (6)	(480 000)
Résultat opérationnel	335 000
Produits financiers (7)	50 000
Charges financières (8)	(65 000)
Quote-part dans le résultat net des entités associées	40 000
Dépréciation du *goodwill* (écart d'acquisition)	(30 000)

☞

☞

Résultat avant impôt	330 000
Charge d'impôt sur le résultat (9)	(110 000)
Résultat de l'exercice	220 000
Attribuable à : Actionnaires de la société mère Intérêts minoritaires	 160 000 60 000

(1) 5 000 000 (compte 701)
(2) 20 000 (compte 721) + 10 000 (compte 750) + 5 000 (compte 771) + 75 000 (compte 775) – 60 000 (compte 675)
(3) 3 000 000 (compte 601) – 20 000 (compte 6091) – 30 000 (compte 6031)
(4) 750 000 (compte 641) + 300 000 (compte 645) + 80 000 (compte 648)
(5) 20 000 (compte 68111) + 100 000 (compte 68112) + 10 000 (compte 6817)
(6) 140 000 (compte 610) + 200 000 (compte 620) + 90 000 (compte 630) + 20 000 (compte 650) + 10 000 (compte 671) + 20 000 (compte 6815)
(7) 15 000 (compte 761) + 5 000 (compte 7621) + 5 000 (compte 7626) + 10 000 (compte 764) + 5 000 (compte 766) + 10 000 (compte 768)
(8) 30 000 (compte 661) + 15 000 (compte 666) + 20 000 (compte 668)
(9) 90 000 (compte 695) + 25 000 (compte 698) – 5 000 (compte 699)

3. Tableau de flux de trésorerie consolidé (méthode indirecte)

Flux de trésorerie provenant des activités opérationnelles	
Résultat des activités ordinaires avant impôt (1)	330 000
– Quote-part des résultats des sociétés mises en équivalence	– 40 000
+ Ajustement pour amortissements, dépréciations et provisions (2)	+ 185 000
– Production immobilisée (frais de développement)	– 20 000
+ Valeur nette des actifs cédés	+ 60 000
– Produits des cessions d'actifs	– 75 000
+ Charges financières (3)	+ 50 000
– Produits financiers (4)	– 45 000
± Résultat de charge (5)	+ 10 000
± Variation de besoin de fonds de roulement opérationnel (6)(7)(8)	– 72 000
– Intérêts et autres charges financières (activités opérationnelles) payés (9)	– 60 000
– Impôt sur le résultat payé (10)	– 100 000
Flux net de trésorerie provenant des activités opérationnelles	+ 223 000
Flux de trésorerie provenant des activités d'investissement	
– Acquisition d'immobilisations (11)	– 710 000
– Acquisition titres immobilisés (12)	– 15 000
+ Cessions d'immobilisations (13)	+ 75 000
+ Produits financiers reçus (14)	+ 35 000
+ Revenus des entités associées (15)	+ 15 000

☞

Flux net de trésorerie provenant des activités d'investissement	– 600 000
Flux de trésorerie provenant des activités de financement	
+ Augmentation de capital (16)	+ 320 000
+ Encaissements provenant d'emprunts à long terme ou de contrats de location-financement (17)	+ 335 000
+ Remboursements de prêts (18)	+ 10 000
– Remboursements provenant d'emprunts à long terme ou de contrats de location-financement (19)	– 200 000
– Dividendes versés (20)	– 72 000
Flux net de trésorerie provenant des activités de financement	+ 393 000
Effet de la variation du taux de change sur la trésorerie et les équivalents de trésorerie	+ 10 000
Variation nette de trésorerie ou d'équivalents de trésorerie	26 000
Trésorerie ou équivalents de trésorerie à l'ouverture de l'exercice (21)	180 000
Trésorerie ou équivalents de trésorerie à la clôture de l'exercice (22)	206 000

(1) 160 000 + 60 000 + 90 000 (compte 695) + 25 000 (compte 698) – 5 000 (compte 699)
(2) 20 000 (compte 68111) + 100 000 (compte 68112) + 20 000 (compte 6815) + 30 000 (compte 68161) + 5 000 (compte 68162) + 10 000 (compte 6817)
(3) 30 000 (compte 661) + 20 000 (compte 668)
(4) 15 000 (compte 761) + 5 000 (compte 7621) + 5 000 (compte 7626) + 10 000 (compte 764) + 10 000 (compte 768)
(5) 15 000 (compte 666) – 5 000 (compte 766)
(6) Fonds de roulement opérationnel 1.1.N
120 000 (compte 310) + 180 000 (compte 355) + 3 000 (Effet du changement de méthode sur le stock) – 300 000 (compte 401) + 800 000 (compte 411) + 60 000 (compte 4181) – 200 000 (compte 421) – 100 000 (compte 431) – 30 000 (compte 437) – 30 000 (compte 4455) – 45 000 (compte 467) + 20 000 (compte 486) – 15 000 (compte 487) – 230 000 (compte 1666) = 233 000
(7) Fonds de roulement opérationnel au 31.12.N
150 000 (compte 310) + 160 000 (compte 355) – 220 000 (compte 401) + 900 000 (compte 411) + 50 000 (compte 4181) – 220 000 (compte 421) – 120 000 (compte 431) – 50 000 (compte 437) – 40 000 (compte 4455) – 65 000 (compte 467) + 25 000 (compte 486) – 15 000 (compte 487) – 250 000 (compte 1666) = 305 000
(8) 233 000 – 305 000
(9) 30 000 (compte 661) + 15 000 (compte 666) + 20 000 (compte 668) + 45 000 (compte 1688 au 1.1) – 50 000 (compte 1688 au 31.12)
(10) 90 000 (compte 695) + 40 000 (compte 444 au 1.1) – 30 000 (compte 444 au 31.12)
(11) 100 000 – 80 000 (compte 205) + 190 000 – 80 000 (compte 211) + 600 000 – 450 000 (compte 213) + 1 100 000 – 800 000 (compte 215) + 220 000 – 200 000 (compte 218) + 110 000 (cessions)
(12) 70 000 – 40 000 (compte 271) – 15 000 (écart d'évaluation)
(13) 75 000 (compte 775)
(14) 5 000 (compte 7621) + 5 000 (compte 7626) + 10 000 (compte 764) + 5 000 (compte 766) + 10 000 (compte 768)
(15) 15 000 (compte 761)
(16) 700 000 – 500 000 (compte 101) + 175 000 – 75 000 (compte 1041) – 100 000 + 120 000 (compte 109)
(17) 250 000 + 60 000 – 145 000 (compte 163) + 100 000 + 20 000 – 80 000 (compte 167) + 130 000 (compte 1681)
(18) 20 000 – 10 000 (compte 274)
(19) 60 000 (compte 163) + 20 000 (compte 167) + 120 000 (compte 1681 au 1.1.N)
(20) 60 000 + 40 000 × 30 %
(21) 60 000 (compte 500) + 80 000 (compte 512) + 90 000 (compte 521) – 50 000 (compte 529)
(22) 50 000 (compte 500) + 100 000 (compte 512) + 60 000 (compte 521) – 4 000 (compte 529)

4. Tableau de variation des capitaux propres consolidé

	Capital	Autres réserves	Écarts de conversion	Bénéfices non distribués	Actions Propres	Total	Intérêts minoritaires	Total capitaux propres
Bilan au 31.12 N–1	500	96,6	8,4	540	– 120	1 025	260	1 285
Effets des changements de méthode comptable (après impôt)				1,4		1,4	0,6	2
Bilan corrigé	500	96,6	8,4	541,4	– 120	1 026,4	260,6	1 287
Titres disponibles à la vente :								
– gains ou pertes portés en capitaux propres		15				15		15
– Différences de change liées aux conversions			4,2			4,2	5,8	10
– Impôts sur les éléments portés ou transférés en capitaux propres		– 5				– 5		–5
– Résultat net comptabilisé directement en capitaux propres		10	4,2			14,2	5,8	20
– Résultat net de la période				160		160	60	220
Total profits et pertes comptabilisés dans la période		10	4,2	160		174,2	65,8	240
Dividendes				– 60		– 60	– 12	– 72
Augmentation de capital	200	100			20	320		320
Bilan au 31.12.N	700	206,6	12,6	641,4	–100	1 460,6	314,4	1 775

(1) 96,6 = 75 + 21,6
(2) 540 = 430 + 110
(3) 260 = 220 + 40
(4) 1,4 = 2,1 – 0,7
(5) 0,6 = 0,9 – 0,3
(6) 206,6 = 175 + 31,6
(7) 641,4 = 481,4 + 160
(8) 254,4 + 60

APPLICATION 26

Retraitement et présentation des comptes consolidés selon les normes IFRS dans un cadre international

1. Écritures de retraitement société Claude

a) Retraitement des provisions réglementées

Les comptes de provisions réglementées (amortissements dérogatoires et provisions pour hausse des prix) doivent être « sortis » du bilan. On retraitera les impositions différées.

On passera les écritures de retraitement suivantes :

145	Amortissements dérogatoires	728 000	
77	Produits exceptionnels *180 000 – 108 800*	71 200	
106	Réserves *(728 000 + 180 000 + 140 000 – 108 800 – 189 200) × 66 2/3 %*		500 000
1666	Impôts différés *728 000 × 33 1/3 %*		242 667
67	Charges exceptionnelles *189 200 – 140 000*		49 200
695	Impôts sur les bénéfices *(71 200 – 49 200) × 33 1/3 %*		7 333
	Retraitement amortissements dérogatoires		
1431	Provisions pour hausse de prix	36 000	
106	Réserves *36 000 × 66 2/3 %*		24 000
1666	Impôts différés *36 000 × 33 1/3 %*		12 000
	Retraitement provisions pour hausse de prix		

b) Réévaluation des immobilisations

Comme la société Claude n'a pas opté pour le système d'évaluation à la valeur réévaluée de ses immobilisations, il faut annuler l'effet de la réévaluation effectuée en N–8.

On passera les écritures de retraitement suivantes :

1052	Écart de réévaluation libre	300 000	
211	Terrains		100 000
213	Constructions		200 000
	Annulation réévaluation		
2803	Amortissements des constructions	80 000	
106	Réserves		70 000
681	Dotations aux amortissements		10 000
	Annulation amortissements supplémentaires pratiqués		
1666	Impôts différés *(300 000 – 80 000) × 33 1/3 %*	73 333	
695	Impôts sur les bénéfices *10 000 × 33 1/3 %*	3 333	
106	Réserves *(300 000 – 70 000) × 33 1/3 %*		76 666
	Effet fiscal de l'annulation de la réévaluation		

c) Retraitement des grosses réparations

L'entreprise n'a pas à constater de provisions pour grosses réparations. Les grosses réparations effectuées en N−4 doivent être considérées comme un composant de la construction et s'amortir en 10 ans.

On passera les écritures de retraitement suivantes :

1582	Provisions pour grosses réparations	100 000	
108	Réserves		80 000
6815	Dotations aux provisions d'exploitation		20 000
	Annulation provisions d'exploitation		
213	Constructions	160 000	
106	Réserves		106 667
1666	Impôts différés *160 000 × 33 1/3 %*		53 333
	Constatation du composant grosses réparations		
106	Réserves *160 000 × 4/10 × 66 2/3 %*	42 667	
1666	Impôts différés *160 000 × 5/10 × 33 1/3 %*	26 667	
681	Dotations aux amortissements *160 000 × 1/10*	16 000	
695	Impôts sur les bénéfices *160 000 × 1/10 × 33 1/3 %*		5 334
2813	Amortissement des constructions *160 000 × 5/10*		80 000
	Amortissements du composant grosses réparations		

d) Retraitement des frais d'acquisition des immobilisations

Ces frais doivent être intégrés à la valeur du terrain : ils étaient à l'origine de 20 000 × 5/2 = 50 000.

On passera l'écriture de retraitement suivante :

213	Terrains	30 000	
206	Réserves		20 000
1666	Impôts différés *30 000 × 33 1/3 %*		10 000
	Frais d'acquisition des terrains		

e) Retraitement des frais d'augmentation de capital

Ces frais auraient dû être constatés en diminution de la prime d'émission en N−2.

On passera les écritures de retraitement suivantes :

1041	Prime d'émission	30 000	
1666	Impôts différés *30 000 × 33 1/3 %*	10 000	
2013	Frais d'augmentation du capital		30 000
106	Réserves		10 000
	Annulation de l'imputation		

2801	Amortissements des frais d'augmentation du capital	15 000	
695	Impôts sur les bénéfices *30 000 × 1/5 × 33 1/3 %*	2 000	
106	Réserves *30 000 × 1,5/5 × 66 2/3 %*		6 000
6811	Dotations aux amortissements *30 000 / 5*		6 000
1666	Impôts différés *30 000 × 2,5/5 × 33 1/3 %*		5 000
	Annulation des amortissements		

f) Retraitement des contrats à long terme

Il faut tenir compte de la méthode à l'avancement (et non celle à l'achèvement).

On passera les écritures de retraitement suivantes :

701	Ventes	960 000	
411	Clients, factures à établir	1 200 000	
713	Production stockée *1 000 000 – 800 000*	200 000	
106	Réserves *960 000 – 800 000*		160 000
335	Stock de produits en cours		1 000 000
701	Ventes		1 200 000
	Effet du passage à l'avancement		
106	Réserves *160 000 × 33 1/3 %*	53 333	
695	Impôts sur les bénéfices [*200 000 – (960 000 – 800 000)] × 33 1/3 %*	13 334	
1666	Impôts différés (*1 200 000 – 1 000 000) × 33 1/ 3 %*		66 667
	Effet fiscal du passage à l'avancement		

g) Retraitement des instruments financiers

Les instruments financiers doivent être inscrits au bilan pour leur juste valeur.

On passera les écritures de retraitement suivantes :

52	Instruments de trésorerie	30 000	
106	Réserves		20 000
76	Produits financiers		10 000
	Swaps de taux		
106	Réserves *20 000 × 33 1/3 %*	6 667	
691	Impôts sur les bénéfices *10 000 × 33 1/3 %*	3 333	
1666	Impôts différés *30 000 × 33 1/3 %*		10 000
	Effet fiscal impôts différés		

h) Retraitement du crédit-bail

On passera les écritures de retraitement suivantes :

215	Installations, matériels et outillages	510 000	
168	Emprunt crédit–bail		510 000
	Retraitement du matériel		
6811	Dotations aux amortissements *510 000 × 10 %*	51 000	
1666	Impôts différés *51 000 × 3 × 33 1/3 %*	51 000	
106	Réserves *51 000 × 2 × 66 2/3 %*	68 000	
695	Impôts sur les bénéfices *51 000 × 33 1/3 %*		17 000
2815	Amortissements installations, matériels *51 000 × 3*		153 000
	Retraitement des amortissements		
168	Compte de liaison redevances	297 000	
695	Impôts sur les bénéfices *99 000 × 33 1/3 %*	33 000	
62	Autres charges externes		99 000
106	Réserves *99 000 × 2 × 66 2/3 %*		132 000
1666	Impôts différés *297 000 × 33 1/3 %*		99 000
	Annulation redevances		
168	Emprunts crédit-bail	127 552	
1666	Impôts différés *169 448 × 33 1/3 %*	56 483	
106	Réserves *(61 200 + 56 664) × 66 2/3 %*	78 576	
66	Charges financières	51 584	
695	Impôts sur les bénéfices *51 584 × 33 1/3 %*		17 195
581	Compte de liaison redevances		297 000
	Retraitement redevances		

i) Retraitement engagements de retraite

La société Claude se doit d'inscrire ses engagements de retraite au bilan.

On passera l'écriture de retraitement suivante :

1666	Impôts différés *1 350 000 × 33 1/3 %*	450 000	
64	Charges de personnel (ou Dotations aux provisions)	120 000	
106	Réserves *1 230 000 × 66 2/3 %*	820 000	
428 (ou 1668)	Dettes provisionnées pour avantages postérieurs à l'emploi (ou Provisions pour pensions)		1 350 000
695	Impôts sur les bénéfices *120 000 × 33 1/3 %*		40 000
	Retraitement engagements de retraite		

j) Retraitement des variations cours des monnaies

Les variations de cours des monnaies doivent être constatées en résultat. Il n'y a pas lieu de constater d'impôts différés puisque les impôts sur les différences de change ont déjà été décomptés. On passera l'écriture de retraitement suivante.

477	Différence de conversion passif	24 200	
1515	Provisions pour pertes de change	20 000	
66	Charges financières *40 000 – 36 000*	4 000	
106	Réserves *36 000 – 10 000 – 20 000*	6 000	
76	Produits financiers *24 200 – 10 000*		14 200
476	Différence de conversion actif		40 000
	Retraitement différences de change		

k) Retraitement des titres de placement

Les titres de placement doivent être considérés comme des liquidités et être valorisées à la valeur actuelle. On passera l'écriture de retraitement suivante :

500	Valeurs mobilières de placement *181 000 – 160 000*	21 000	
695	Impôts sur les bénéfices *21 000 × 33 1/3 %*	7 000	
76	Produits financiers		21 000
1666	Impôts différés		7 000
	Retraitement des valeurs mobilières de placement		

l) Retraitement des erreurs

En normes IFRS, les erreurs doivent être constatées sur les exercices précédents comme si elles ne s'étaient jamais produites. L'impôt, du fait de la non-déductibilité puisque l'on a affaire à un amortissement différé irrégulièrement, s'imputera sur l'exercice N. On passera l'écriture de retraitement suivante :

106	Réserves *12 000 × 66 2/3 %*	8 000	
695	Impôts sur les bénéfices *12 000 × 33 1/3 %*	4 000	
681	Dotations aux amortissements		12 000
	Retraitement erreur		

m) Retraitement des impôts différés sur résultat

En dehors des impôts différés déjà constatés, il y a lieu de tenir compte du décalage des charges et des produits. On passera l'écriture de retraitement suivante :

	Réserves *(300 000 – 156 000) × 33 1/3 %*	48 000	
	Impôts sur les bénéfices*(543 000 + 170 000 + 63 000 – 236 000) × 33 1/3 % – 170 000*	10 000	
	Impôts différés (279 000 – *105 000) × 33 1/3 %*		58 000
	Passif : 300 000 – 57 000 + 36 000 = 279 000		
	Actif : 156 000 – 144 000 + 93 000 = 105 000		
	Retraitement impôt sur les sociétés		

n) Reclassement des charges

Le compte de résultat IFRS peut être établi avec un classement des charges par nature ou un classement des charges par fonctions. Compte tenu que les comptes de la filiale sont tenus par fonction, il est plus simple de passer d'un classement par nature à un classement par fonction que l'inverse (encore que dans l'annexe il faudra fournir des informations par nature de charges). On passera l'écriture suivante :

921	Coût de produits vendus	9 950 000	
922	Frais de distribution	650 000	
923	Frais administratifs	1 450 000	
924	Frais de recherche non immobilisés	30 000	
61/63	Autres charges externes (1)		4 801 000
64	Charges de personnel (2)		6 520 000
6811	Dotations aux amortissements (3)		679 000
6815	Dotations aux provisions (4)		80 000
	Virement des charges par nature		

(1) : 4 900 000 – 99 000
(2) : 6 400 000 + 120 000
(3) : 640 000 – 10 000 + 16 000 – 6 000 + 51 000 – 12 000
(4) : 100 000 – 20 000

On pourra aussi passer l'écriture suivante :

921	Coût des produits vendus	7 270 000	
713	Production stockée *430 000 – 200 000*	230 000	
601	Achats de matières premières		7 240 000
603	Variation de stock de matières premières		260 000
	Virement des matières et de la production stockée		

Pour ce qui concerne les produits et charges exceptionnels, on passera l'écriture suivante :

923	Frais administratifs	18 000	
77	Produits exceptionnels *244 000 – 71 200*	172 800	
67	Charges exceptionnelles *240 000 – 49 200*		190 800
	Virement		

Après ces écritures de retraitement, on obtiendra la balance suivante :

N°	Intitulés	Soldes débit	Soldes crédit
101	Capital		2 000 000
1041	Prime d'émission (1)		770 000
106	Réserves (2)		4 998 090
110	Report à nouveau		60 000
1518	Autres provisions pour risques		30 000
164	Emprunts à long terme – banque		1 240 000

☞

☞

1666	Impôts différés (3)	103 816	
168	Emprunts – crédit-bail (4)		382 448
203	Frais de recherche et de développement	300 000	
205	Concessions brevets	400 000	
207	Fonds de commerce	1 000 000	
211	Terrains (5)	1 130 000	
213	Constructions (6)	2 360 000	
215	Installations, matériels et outillages (7)	3 710 000	
2803	Amortissement frais de rech. et développement		120 000
2805	Amortissement des concessions, brevets		160 000
2813	Amortissement des constructions (8)		600 000
2815	Amortissement des installations, matériels (9)		1 653 000
261	Titres de participation Clint	2 200 000	
310	Stock de matières premières	640 000	
355	Stocks de produits finis	380 000	
3910	Dépréciation des matières		100 000
401	Fournisseurs et autres créditeurs		3 600 000
411	Clients (10)	4 900 000	
428	Dettes provisionnées avantages postérieurs à l'emploi		1 350 000
444/5	État, impôt sur les bénéfices/TVA à décaisser		177 000
486	Charges constatées d'avance	40 000	
500	Valeurs mobilières de placement (11)	181 000	
512	Banque	387 200	
52	Instruments de trésorerie	30 000	
66	Charges financières (12)	512 584	
695	Impôts sur les bénéfices (13)	159 138	
701	Ventes (14)		20 240 000
75	Autres produits de gestion courante		60 000
76	Produits financiers (15)		261 200
921	Coûts des produits vendus (16)	17 220 000	
922	Frais de distribution	650 000	
923	Frais administratifs (17)	1 468 000	
924	Frais de recherche non immobilisés	30 000	
		37 801 738	37 801 738

☞

☞
(1) 800 000 – 30 000
(2) : 4 924 000 + 500 000 + 24 000 + 70 000 + 76 666 + 80 000 + 106 667 – 42 667 + 20 000 + 10 000 + 6 000 + 160 000 – 53 333 + 20 000 – 6 667 – 68 000 + 132 000 – 78 576 – 820 000 – 6 000 – 8 000 – 48 000
(3) 242 667 + 12 000 – 73 333 + 53 333 – 26 667 + 10 000 – 10 000 + 5 000 + 66 667 + 10 000 – 51 000 + 99 000 – 56 483 – 450 000 + 7 000 + 58 000
(4) : 510 000 – 127 552
(5) : 1 200 000 – 100 000 + 30 000
(6) : 2 400 000 – 200 000 + 160 000
(7) : 3 200 000 + 510 000
(8) : 600 000 – 80 000 + 80 000
(9) : 1 500 000 + 153 000
(10) : 3 700 000 + 1 200 000
(11) : 160 000 + 21 000
(12) : 457 000 + 51 584 + 4 000
(13) : 170 000 – 7 333 + 3 333 – 5 334 + 2 000 + 13 334 + 3 333 – 17 000 + 33 000 – 17 195 – 40 000 + 7 000 + 4 000 + 10 000
(14) : 20 000 000 – 960 000 + 1 200 000
(15) : 216 000 + 10 000 + 14 200 + 21 000
(16) : 9 950 000 + 7 270 000
(17) : 1 450 000 + 18 000

2. Écritures de retraitement société Clint

a) Frais de développement

Selon les normes IFRS, ces frais doivent être immobilisés. On passera les écritures de retraitements suivantes :

191	Frais de développement immobilisés	100 000	
521	Frais de recherche et de développement		100 000
	Immobilisations frais de développement		
508	Dotations aux amortissements	10 000	
191	Frais de recherche immobilisés		10 000
	Amortissement 100 000 × 1/5 × 6/12		
561	Impôts sur le résultat	30 600	
299	Impôts différés passif		30 600
	Effet fiscal de la réintégration : (100 000 – 10 000) × 34 %		

b) Stocks

Évalués selon la méthode LIFO, ils doivent être évalués avec une méthode admise par les normes IFRS (FIFO ou coût moyen pondéré). On passera les écritures de retraitement suivantes :

132	Stocks de produits finis *600 000 – 560 000*	40 000	
501	Coûts des produits vendus *(560 000 – 440 000) – (600 000 – 490 000)*	10 000	
312	Bénéfices mis en réserves *490 000 – 440 000*		50 000
	Correction des stocks		

312 561 299	Bénéfices mis en réserves *50 000 × 34 %* Impôts sur le résultat *10 000 × 34 %* Impôts différés passifs *40 000 × 34 %* *Effet fiscal de la correction*	17 000	 3 400 13 600

c) Virement des dotations aux amortissements

Le montant net des dotations aux amortissements est de 370 000 + 10 000 = 380 000. On passera l'écriture de virement suivante :

501 503 508	Coût des produits vendus Frais généraux et administratifs Dotations aux amortissements *Virement*	250 000 130 000	 380 000

Après ces écritures de retraitement, on obtiendra la balance suivante :

N°	Intitulés	Soldes débit	Soldes crédit
101	Trésorerie	175 000	
105	Titres de placement	40 000	
111	Clients	2 620 000	
131	Stocks de matières premières	420 000	
132	Stocks de produits finis (1)	600 000	
149	Charges payées d'avance	10 000	
151	Terrains	300 000	
152	Constructions	1 500 000	
153	Matériel et équipement	2 100 000	
155	Amortissements des constructions		375 000
156	Amortissements du matériel et équipement		900 000
161	Prêts au personnel	30 000	
171	Fonds de commerce	300 000	
181	Brevets et marques	120 000	
191	Frais de développement immobilisés (2)	90 000	
201	Fournisseurs		1 800 000
211	Emprunts à court terme		350 000
221	Dettes sur crédit-bail à court terme		65 000
231	Autres créditeurs		30 000
251	Emprunts à long terme		320 000
261	Dettes sur crédit-bail à long terme		330 000

☞

291	Provisions pour avantages postérieurs à l'emploi		1 050 000
295	Autres provisions pour risques		15 000
298	Impôts exigibles		75 000
299	Impôts différés passifs (3)		70 200
301	Capital		1 000 000
312	Bénéfices mis en réserve (4)		1 284 000
401	Ventes		12 000 000
411	Autres revenus		50 000
451	Produits financiers		36 000
501	Coûts des produits vendus (5)	9 706 000	
502	Frais de vente	130 000	
503	Frais généraux et administratifs (6)	970 000	
521	Frais de recherche et de développement (7)	30 000	
551	Charges financières	280 000	
561	Impôt sur le résultat (8)	329 200	
		19 750 200	19 750 200

(1) : 560 000 + 40 000
(2) : 100 000 – 10 000
(3) : 26 000 + 30 600 +13 600
(4) : 1 251 000 + 50 000 – 17 000
(5) : 9 446 000 + 10 000 + 250 000
(6) : 840 000 + 130 000
(7) : 130 000 – 100 000
(8) : 302 000 + 30 600 – 3 400

3. Présentation du bilan et du compte de résultat cumulé

En vue d'effectuer la consolidation, nous allons dans un premier temps présenter un bilan et un compte de résultat du groupe. Nous utiliserons les rubriques que l'on retrouve dans le bilan et le compte de résultats tels qu'ils seront présentés conformément à la norme IAS 1. Les valeurs des immobilisations et des stocks seront présentées en valeur nette comptable.

OPÉRATIONS DE CUMUL DES BILANS			
Postes Actif/Passif	**Claude**	**Clint**	**Total**
Actif			
Frais de développement	180 000	90 000	270 000
Concessions brevets	240 000	120 000	360 000
Fonds de commerce	1 000 000	300 000	1 300 000
Terrains	1 130 000	300 000	1 430 000

☞

Constructions	1 760 000	1 125 000	2 885 000
Installations, matériels et outillages	2 057 000	1 200 000	3 257 000
Titres de participation Clint	2 200 000		2 200 000
Prêts		30 000	30 000
Stock matières	540 000	420 000	960 000
Stock produits finis	380 000	600 000	980 000
Clients	4 900 000	2 620 000	7 520 000
Impôts différés actif	103 816		103 816
Charges constatées d'avance	40 000	10 000	50 000
Valeurs mobilières de placement	181 000	40 000	221 000
Instruments financiers	30 000		30 000
Trésorerie	387 200	175 000	562 200
Totaux actif	15 129 016	7 030 000	22 159 016
Passif			
Capital	2 000 000	1 000 000	3 000 000
Réserves (1)	5 828 090	1 284 000	7 112 090
Résultat de l'exercice (2)	521 478	640 800	1 168 278
Provisions	30 000	15 000	45 000
Avantages postérieurs à l'emploi	1 350 000	1 050 000	2 400 000
Emprunt long terme (3)	940 000	320 000	1 260 000
Emprunts crédit-bail long terme (4)	329 342	330 000	659 342
Emprunt court terme	300 000	350 000	650 000
Emprunts crédit-bail court terme (5)	53 106	65 000	118 106
Fournisseurs et autres créditeurs	3 600 000	1 830 000	5 430 000
Impôts exigibles	177 000	75 000	252 000
Impôts différés passif		70 200	70 200
Totaux passif	15 129 016	7 030 000	22 152 016

(1) Prime d'émission, Réserves (ou Bénéfices mis en réserves), Report à nouveau
(2) Par différence
(3) 1 240 000 – 300 000
(4) 382 448 – 47 416 × 1,12
(5) 47 416 × 1,12

OPÉRATIONS DE CUMUL DES COMPTES DE RÉSULTAT			
Postes Produits/Charges	**Claude**	**Clint**	**Total**
Produits			
Ventes	20 240 000	12 000 000	32 240 000
Autres produits d'exploitation	60 000	50 000	110 000
Produits financiers	261 200	36 000	297 200
Total produits	20 561 200	12 086 000	32 647 200
Charges			
Coût des produits vendus	17 220 000	9 706 000	26 926 000
Frais de distribution	650 000	130 000	780 000
Frais administratifs et généraux	1 468 000	970 000	2 438 000
Frais de recherche	30 000	30 000	60 000
Charges financières	512 584	280 000	792 584
Impôts sur les bénéfices	159 138	329 200	488 338
Résultat de l'exercice (1)	521 478	640 800	1 162 278
Total charges	20 561 200	12 086 000	32 647 200
(1) Par différence.			

4. Écritures de consolidation

a) Détermination des écarts de conversion

Nous avions converti les comptes de la filiale Clint au cours de l'euro en dollars au 31 décembre N, soit 1 € = 1,20 $. En fait, les éléments du compte de résultat doivent être convertis au cours moyen de l'exercice N et les comptes de capitaux propres au cours historique. On passera les écritures suivantes :

Écriture de consolidation du bilan

		Débit	Crédit
	Écart de conversion Clint	648 388	
	Capital Clint *1 000 000 × 1,20 / 0,90 – 1 000 000*		333 333
	Réserves Clint *1 284 000 × 1,20 / 1 – 1 284 000*		256 800
	Résultat Clint *640 800 × 1,20 / 1,10 – 640 800*		58 255
	Écarts de conversion		

Écriture de consolidation du compte de résultat

		Débit	Crédit
	Coûts des produits vendus *9 706 000 × 1,20 / 1,10 – 9 706 000*	882 364	
	Frais de distribution *130 000 × 1,20 / 1,10 – 130 000*	11 818	
	Frais administratifs et généraux *970 000 × 1,20 / 1,10 – 970 000*	88 182	

Frais de recherche *30 000 × 1,20 / 1,10 – 30 000*	2 727	
Charges financières *280 000 × 1,20 / 1,10 – 280 000*	25 454	
Impôts sur les bénéfices *329 200 × 1,20 / 1,10 – 329 200*	29 927	
Résultat	58 255	
Ventes *12 000 000 × 1,20 / 1,10 – 12 000 000*		1 090 909
Autres produits d'exploitation *50 000 × 1,20 / 1,10 – 50 000*		4 545
Produits financiers *36 000 × 1,20 / 1,10 – 36 000*		3 273
Écart de conversion		

b) Écart d'évaluation

Les actifs et passifs identifiables doivent être évalués à leur juste valeur au moment de la prise de contrôle. On corrigera les capitaux propres en tenant compte des écarts de conversion ; on prendra un cours de 1 € = 0,90 $ pour ces capitaux propres au moment de la prise de contrôle et 1 € = 1 $ pour les opérations postérieures.

On passera les écritures suivantes :

Écritures de consolidation du bilan

Fonds de commerce	50 000	
Concessions brevets	150 000	
Terrains	50 000	
Constructions	200 000	
Réserves Clint		450 000
Écarts d'évaluation		
Résultat Clint (*150 000 × 10 % + 200 000 × 5 %) × 66 %*	16 500	
Réserves Clint *16 500 × 2*	33 000	
Impôts différés (*150 000 × 10 % + 200 000 × 5 %) × 3 × 34 %*	25 500	
Concessions brevets 150 000 × 10 % × 3		45 000
Constructions 200 000 × 5 % × 3		30 000
Amortissement écart d'évaluation		
Réserves Clint *33 000 × 1,20/1 – 33 000*	6 600	
Résultat Clint *16 500 × 1,20/ 1,10 – 16 500*	1 500	
Écart de conversion Clint	141 900	
Réserves Clint *450 000 × 1,20 / 0,90 – 450 000*		150 000
Écarts de conversion sur écarts d'évaluation		

Écriture de consolidation du compte de résultat

Coût des produits vendus (*150 000 × 10 % + 200 000 × 5 %) × 1,20/1,10*	27 273	
Résultat *16 500 + 1 500*		18 000
Impôts sur les bénéfices *27 273 × 34 %*		9 273
Amortissements		

c) Écart d'acquisition

Au moment de la prise de contrôle, la situation nette réévaluée de la société Clint était la suivante :

– situation nette comptable : 1 800 000 / 0,90 =	2 000 000
– écarts d'évaluation : 450 000 + 150 000 =	600 000
	2 600 000

Les titres ayant été acquis 2 200 000 €, il y a tenir compte d'un écart d'acquisition (*goodwill*) de 2 200 000 – 2 600 000 × 80 % = 120 000 €.

On passera les écritures suivantes

Écritures de consolidation du bilan

	Débit	Crédit
Écart d'acquisition	120 000	
Titres de participation Clint		120 000
Goodwill positif		
Résultat Claude	20 000	
Réserves Claude	30 000	
Écart d'acquisition		50 000
Dépréciation du goodwill		

Écriture de consolidation du compte de résultat

	Débit	Crédit
Dotations aux dépréciations des écarts d'acquisition	20 000	
Résultat		20 000
Dépréciation du goodwill		

d) Dividendes perçus

Les dividendes perçus par la société Claude doivent être reclassés en bénéfices d'exercices précédents.

Écriture de consolidation du bilan

	Débit	Crédit
Résultat Claude	216 000	
Réserves Claude		216 000
Dividendes Clint		

Écriture de consolidation du compte de résultat

	Débit	Crédit
Produits financiers	216 000	
Résultat		216 000
Dividendes Clint		

e) Élimination des titres de participation

Il reste à ventiler les capitaux propres de la société Clint et à la répartir entre les intérêts de la société mère et les intérêts minoritaires.

On passera l'écriture suivante (qui ne concerne que le bilan consolidé) :

	Capital Clint *1 000 000 + 333 333*	1 333 333	
	Réserves Clint *1 284 000 + 256 800 + 450 000 + 150 000 – 33 000 – 6 600*	2 101 200	
	Écart de conversion Clint *648 388 + 141 900*	(790 288)	
	Résultat Clint *640 800 + 58 255 – 16 500 – 1 500*	681 055	
	Titres de participation Clint *2 200 000 – 120 000*		2 080 000
	Réserves Claude *(1 333 333 + 2 101 200) × 80 % –2 080 000*		667 626
	Écart de conversion Claude *790 288 × 80 %*		(632 230)
	Résultat Claude *681 055 × 80 %*		544 844
	Intérêts minoritaires capitaux propres *(1 333 333 + 2 101 200 – 790 288) × 20 %*		528 849
	Intérêts minoritaires résultat *681 055 × 20 %*		136 211
	Consolidation Clint		

5. Établissement du bilan et du compte de résultat consolidé IFRS

À partir du bilan et du compte de résultat cumulés et après la prise en compte des écritures de consolidation, on obtiendra les bilan et compte de résultat consolidés suivants – méthode du *purchase goodwill* (pour la méthode du *full goodwill*, on aurait un écart d'acquisition de 150 000 et des intérêts minoritaires de 695 060) :

Bilan

Actifs non courants		**Capitaux propres**	
Immobilisations incorporelles		Capital	2 000 000
Écarts d'acquisition (1)	70 000	Réserves	
Frais de développement	270 000	Réserves proprement dites (7)	6 681 716
Concessions et brevets (2)	465 000	Écarts de conversion	– 632 230
Fonds de commerce (3)	1 350 000	Résultat de l'exercice (8)	830 322
Immobilisations corporelles			8 879 808
Terrains (4)	1 480 000	**Intérêts minoritaires (9)**	665 060
Constructions (5)	3 055 000	**Passifs non courants**	
Installations, matériels et outillages	3 257 000	Provisions	45 000
Autres actifs financiers		Engagements envers le personnel	2 400 000
Prêts	30 000	Emprunts (10)	1 919 342
Impôts différés	103 816	Impôts différés (11)	44 700
	10 080 846		4 409 042

☞

☞

Actifs courants		**Passifs courants**	
Stocks de matières	960 000	Emprunts (12)	768 106
Stocks de produits finis	980 000	Impôts exigibles	252 000
Clients et autres débiteurs (6)	7 570 000	Fournisseurs et autres créditeurs	5 430 000
Titres de placement	221 000		6 450 106
Instruments financiers	30 000		
Trésorerie	562 200		
	10 323 200		
	20 404 016		20 404 016

(1) : 120 000 – 50 000
(2) : 360 000 + 150 000 – 45 000
(3) : 1 300 000 + 50 000
(4) : 1 430 000 + 50 000
(5) : 2 885 000 + 200 000 – 30 000
(6) : 7 520 000 + 50 000
(7) : 5 828 090 – 30 000 + 216 000 + 667 626
(8) : 521 478 – 20 000– 216 000 + 544 844
(9) : 528 849 + 136 211
(10) : 1 260 000 + 659 342
(11) : 70 200 – 25 500
(12) : 650 000 + 118 106

Compte de résultat

Produits des activités ordinaires (1)	33 330 909
Coût des ventes (2)	– 27 835 637
Marge brute	5 495 272
Autres produits opérationnels (3)	114 545
Coûts commerciaux (4)	– 791 818
Charges administratives (5)	– 2 526 182
Autres charges opérationnelles (6)	– 62 727
Dépréciation de l'écart d'acquisition	– 20 000
Résultat opérationnel	2 209 090
Charges financières (7)	– 733 565
Résultat avant impôt	1 475 525
Charge d'impôt sur le résultat (8)	– 508 992
Résultat global (9)	966 533
Intérêts minoritaires	– 136 211
Résultat net de l'exercice	830 322

(1) : 32 240 000 + 1 090 909
(2) : 26 926 000 + 882 364 + 27 273
(3) : 110 000 + 4 545
(4) : 780 000 + 11 818
(5) : 2 438 000 + 88 182
(6) : 60 000 + 2 727
(7) : Moins Produits financiers : 792 584 + 25 454 – (297 200 + 3 273 – 216 000)
(8) : 488 388 + 29 927 – 9 273
(9) : 1 162 278 + 58 255 – 18 000 – 20 000 – 216 000

APPLICATION 27

Évaluation par équivalence dans les comptes sociaux

Dans le cadre de l'évaluation par équivalence des titres de participation de la société Carole, il faut tenir compte des dispositions de l'article L. 232-5 qui stipule que « les sociétés qui établissent des comptes consolidés peuvent inscrire les titres des sociétés qu'elles contrôlent de manière exclusive à l'actif du bilan en fonction de la quote-part des capitaux propres déterminés d'après les règles de consolidation que ces titres représentent. Cette méthode d'évaluation, si elle est choisie, s'applique à l'ensemble des titres qui répondent aux conditions précédentes. Il est fait mention de l'option dans l'annexe. D'autre part, si une société fait usage de la méthode prévue aux alinéas précédents, les sociétés qu'elle contrôle appliquent la même méthode lorsqu'ils contrôlent elles-mêmes d'autres sociétés dans les mêmes conditions ». Dans notre cas, seuls les titres de la société Carole, qui font l'objet d'un contrôle exclusif doivent être évalués selon la méthode d'équivalence.

Calcul de l'écart d'acquisition sur les titres

Prix d'acquisition titres	1 375 000
Quote-part des capitaux propres (2 000 000 + 300 000) × 55 %	1 265 000
	110 000

Détermination de la valeur d'équivalence des titres Carole au 31 décembre N–1

Capital	900 000
Réserves	700 000
Résultat	180 000
Amortissements dérogatoires 570 000 × 66 2/3 %	380 000
Écart d'évaluation	300 000
Amortissement écart d'évaluation du 1.7.N–2 au 31.12.N–1 120 000 × 5 % × 66 2/3 % × 1,5	– 6 000
	2 454 000
Quote-part des capitaux propres 2 454 000 × 55 %	1 349 700
Écart d'acquisition non amorti 110 000 – 110 000 × 10 % × 1, 5	93 500
	1 443 200

Écriture au 1er janvier N (livres de la société Valentin)

261	Titres de participation évalués par équivalence	1 443 200	
261	Titres de participation		1 375 000
107	Écart d'équivalence		68 200
	Évaluation titre de participation		

Détermination de la valeur d'équivalence des titres Carole au 31 décembre N

Capital	900 000
Réserves	780 000
Résultat	120 000
Amortissements dérogatoires 600 000 × 66 2/3 %	400 000
Écart d'évaluation	300 000

Amortissement écart d'évaluation du 1.7.N−2 au 31.12.N 120 000 × 5 % × 66 2/3 % × 2,5	− 10 000
	2 490 000
Quote-part des capitaux propres 2 490 000 × 55 %	1 369 500
Écart d'acquisition non amorti 110 000 − 110 000 × 10 % × 2, 5	82 500
	1 452 000

Écriture au 31 décembre N (livres de la société Valentin)

261	Titres de participation évalués par équivalence	8 800	
107	Écart d'équivalence		8 800
	Réajustement évaluation titre de participation : 1 452 000 − 1 443 200		

5
CHAPITRE

Fiscalité des groupes de sociétés

APPLICATION 28

Fiscalité des groupes

1. Calcul de l'impôt pour chacune des sociétés

a) Redevances dues à la concession de la propriété industrielle

Pour l'article 39-12 du CGI, « lorsqu'il existe des liens de dépendance entre l'entreprise concédante et l'entreprise concessionnaire, le montant des redevances prises en compte pour le calcul du résultat net imposable selon le régime mentionné au 1 de l'article 39 terdecies n'est déductible du résultat imposable de l'entreprise concessionnaire que dans le rapport existant entre le taux réduit d'imposition applicable à ce résultat net et le taux normal prévu au deuxième alinéa du I de l'article 219 ».

Des liens de dépendance sont réputés exister entre deux entreprises :

a) Lorsque l'une détient directement ou par personne interposée la majorité du capital social de l'autre ou y exerce en fait le pouvoir de décision.

b) Lorsqu'elles sont placées l'une et l'autre, dans les conditions définies au a), sous le contrôle d'une même tierce entreprise.

Les redevances payées, soit 90 000 + 120 000 + 150 000 = 360 000 € seront imposées au taux de 15 % dans la société Alexandre.

Mais elles ne seront déductibles dans les sociétés Alfred, Alphonse et Alexis qu'à hauteur de :

– pour Alfred : $90\,000 \times \dfrac{15\,\%}{33\ 1/33\%} = 40\,500$ € ;

– pour Alphonse : $120\,000 \times \dfrac{15\,\%}{33\ 1/33\%} = 54\,000$ € ;

– pour Alexis : $150\,000 \times \dfrac{15\,\%}{33\ 1/33\%} = 67\,500$ €.

Nota : si l'entreprise concédant, la société Alexandre, avait renoncé au régime de faveur des plus-values à long terme, la déduction du montant des redevances versée par l'entreprise concessionnaire n'était plus limitée.

b) Dividendes perçus

Les dividendes perçus par la société Alexandre en provenance des sociétés Alfred, Alphonse et Alexis ne sont pas imposables (régime dit des sociétés mères et des filiales). Par contre, il y a lieu de réintégrer un montant égal à 5 % du produit de la participation soit (300 000 + 450 000 + 420 000) × 95 % × 5 % = 55 575 €.

Le dividende provenant de la société Augustin n'est pas imposable, mais la quote-part de bénéfice fiscal soit 300 000 × 50 % = 150 000 € doit être rajoutée au résultat fiscal de la société Alexandre.

c) Loyers

Les loyers payés par les sociétés Alexandre, Alfred, Alphonse et Alexis sont déductibles des bénéfices fiscaux à hauteur de 120 000 × 10 % = 12 000 € pour Alexandre et 120 000 × 30 % = 36 000 € pour chacune des trois autres sociétés. Le bénéfice net de la SCI Aristide est de 120 000 – 105 000 = 15 000 € et doit être compris dans le bénéfice fiscal du propriétaire, la société Alexandre.

d) Bénéfice fiscal et impôt dû par la société Alexandre

Compte tenu des données présentées ci-dessus, le bénéfice fiscal de la société Alexandre ressort à : – 120 000 + 55 575 + 150 000 – 12 000 + 15 000 = 88 575 €. L'impôt sera de 88 575 × 33 1/3 % = 29 525 €. Par ailleurs, elle devra payer un impôt sur les plus-values à long terme provenant des redevances perçues de 360 000 × 15 % = 54 000 €. L'impôt total dû sera donc de 29 525 + 54 000 = 83 525 €

e) Bénéfice fiscal et impôt dû par la société Alfred

Compte tenu des données présentées ci-dessus, le bénéfice fiscal de la société Alfred ressort à : 630 000 – 40 500 – 36 000 = 553 500 €. L'impôt dû sera de 553 500 × 33 1/3 % = 184 500 €.

f) Bénéfice fiscal et impôt dû par la société Alphonse

Compte tenu des données présentées ci-dessus, le bénéfice fiscal de la société Alphonse ressort à : 900 000 – 54 000 – 36 000 = 810 000 €. L'impôt dû sera de 810 000 × 33 1/3 % = 270 000 €.

g) Bénéfice fiscal et impôt dû par la société Alexis

Compte tenu des données présentées ci-dessus, le bénéfice fiscal de la société Alexis ressort à : 960 000 – 67 500 – 36 000 = 856 500 €. L'impôt dû sera de 856 500 × 33 1/3 % = 285 500 €.

2. Option pour la société Augustin

Si la société Augustin avait opté pour l'impôt sur les sociétés, la quote-part de bénéfice fiscal de la société Augustin (soit 150 000 €) n'aurait pas été imposable pour la société Alexandre. Mais celle-ci aurait dû réintégrer une quote-part de 5 % des dividendes touchés (soit 240 000 × 50 % × 5 % = 6 000 €).

Le résultat fiscal d'Alexandre aurait été de – 120 000 + 55 575 + 6 000 – 12 000 + 15 000 = – 55 425 soit un crédit d'impôt dû au report en arrière du déficit de 18 475 € qui viendra s'imputer sur l'impôt sur les plus-values à long terme de 54 000 € pour donner une charge fiscale nette de 54 000 – 18 475 = 35 525 € soit pour la société Alexandre une économie fiscale de 83 525 – 35 525 = 48 000 €. Mais indirectement, pour le revenu revenant à la société Alexandre, l'impôt dû par la société Augustin serait de 150 000 × 33 1/3 % = 50 000 €. L'option n'est donc pas avantageuse pour le groupe.

3. Soumission à la taxe professionnelle

Bien entendu les sociétés Alfred, Alphonse et Alexis sont soumis à la taxe professionnelle. Il en est de même de la société Augustin, le statut de société en nom collectif ne la dispensant pas de cet impôt (qui est payé également par les entreprises individuelles).

La société holding Alexandre est en principe soumise également à la taxe professionnelle. Le juge de l'impôt applique cependant la décision de principe du Conseil d'État (CE 12 octobre 1994, n° 122532) qui subordonne l'exigibilité de la taxe professionnelle à la mise en œuvre régulière de moyens matériels ou intellectuels caractérisant l'exercice d'une véritable activité professionnelle.

La SCI Aristide quant à elle n'est pas soumise à cette taxe. En règle générale, la simple gestion d'un patrimoine immobilier n'est pas assimilée à l'exercice d'une activité professionnelle et n'est donc pas passible de la taxe professionnelle. Notons que si l'immeuble est donné en location à une autre société qui l'utilise pour les besoins de son exploitation (ce qui est le cas dans cette application), c'est cette société qui sera passible de la taxe. Les sociétés bénéficiaires devront donc reprendre la valeur locative de l'immeuble dans leurs bases d'imposition.

4. Intégration fiscale

La société Alexandre, tête de groupe pourra intégrer les sociétés Alfred, Alphonse et Alexis dont elle possède 95 % au moins du capital.

En n'optant pas l'impôt dû globalement par les quatre sociétés s'élève à 83 525 + 184 500 + 270 000 + 285 500 = 823 525 €.

Le bénéfice fiscal du groupe sera ainsi obtenu (il y a lieu de déduire la quote-part de frais et charges soit 5 % des dividendes perçus des filiales intégrées) :

	Alexandre	Alfred	Alphonse	Alexis	Total
Résultat fiscal	88 575	553 500	810 000	856 500	2 308 575
Quote-part de frais et charges	55 575				55 575
Total	33 000	553 500	810 000	856 500	2 253 000

Par ailleurs les plus-values à long terme imposables sont de 360 000 €.

L'impôt dû pour le groupe intégré est donc de :

• Impôt au taux normal : 2 253 000 × 33 1/3 % =	751 000
• Impôt au taux réduit : 360 000 × 15 % =	54 000
	805 000
• Contribution sociale de 3,3 % : (805 000 – 763 000) × 3,3 % =	1 386
	806 386

L'option pour l'intégration fiscale est intéressante pour le groupe. L'économie est de 823 525 – 806 386 = 17 139 € ;

APPLICATION 29

Intégration fiscale

1. Conditions d'application du régime d'intégration fiscale

L'application du régime d'intégration fiscale défini par les articles 223 A et suivants du Code Général des Impôts est soumise tant à des conditions de fond (statut fiscal des sociétés intégrées, statut de l'entité tête de groupe, périmètre d'intégration) qu'à des conditions de forme (option de la société mère et accord des filiales concernées).

Conditions communes à toutes les sociétés du groupe

Seules peuvent être membres du groupe les sociétés dont les résultats sont soumis à l'impôt sur les sociétés dans les conditions de droit commun ou selon les modalités prévues à l'article 217 bis (exploitations situées dans les départements d'outre-mer). Les sociétés membres du groupe doivent ouvrir et clore leurs exercices aux mêmes dates : les exercices doivent avoir une durée de douze mois.

Conditions propres à la société tête de groupe

La société tête du groupe intégré ne doit pas elle-même être contrôlée directement ou indirectement, à plus de 95 % par une autre personne morale passible de l'impôt sur les sociétés. En revanche, si elle est contrôlée à plus de 95 % par une société étrangère, cela ne fait pas obstacle au régime d'intégration fiscale.

Définition du périmètre d'intégration

Pour que les filiales de la société tête de groupe puissent faire partie du groupe intégré, leur capital doit être contrôlé au moins à 95 % tout au long de l'exercice, directement ou par l'intermédiaire de sociétés du groupe.

Option de la société mère

La notification de l'option doit parvenir au centre des impôts dont relève la société au plus tard au moment de la déclaration d'impôt de l'exercice précédent le premier exercice d'application du régime (ce qui rend le régime non applicable dans le cas proposé). La notification de l'option doit être accompagnée de l'attestation d'accord de la filiale. L'option est valable pour cinq exercices.

Accord de la filiale

De son côté, la filiale doit faire parvenir au service des impôts dont elle relève, avant le début du premier exercice d'intégration, un exemplaire de son attestation d'accord. Conformément au droit des sociétés, l'accord de la filiale doit être donné par une décision spéciale du conseil d'administration.

2. Calcul du résultat fiscal après intégration

Résultat fiscal

	Nadège	Narcisse	Nicole	Total
Résultat fiscal	510 000	– 150 000	210 000	570 000
Quote-part de frais dividendes groupe	– 4 000			– 4 000
Dotations dépréciations	15 000		5 000	20 000
Abandon créances	35 000	– 50 000		– 15 000
PVCT de cession			– 225 000	– 225 000
Jetons de présence	– 25 000	10 000	15 000	
Déficits fiscaux(1)			50 000	50 000
Supplément amortissement(2)		5 400		5 400
	531 000	– 184 600	55 000	401 400

(1) : non déductibles car antérieurs à l'intégration.
(2) : 680 000 × 1/25 × 9/12 – 600 000 × 1/30 × 9/12

Plus-values à long terme

	Nadège	Narcisse	Nicole	Total
Plus-values nettes LT	10 000		15 000	25 000
Dépréciation des titres	– 30 000			– 30 000
	– 20 000		15 000	– 5 000

3. Impôts à payer

a) Par chacune des sociétés

- Nadège : 510 000 × 33 1/3 % + 10 000 × 15 %(1) 171 500
- Narcisse : 0. Cependant la société peut bénéficier d'un report en arrière des déficits de 150 000 × 33 1/3 % = 50 000
- Nicole : 210 000 × 33 1/3 % + 15 000 × 15 % 72 250

Total : 171 500 – 50 000 + 72 250 = 193 750.

b) Par le groupe après intégration fiscale

– Impôt au taux normal : 401 400 × 33 1/3 % = 133 800
– Impôt au taux réduit : 25 000 × 15 % = 3 750
137 550

4. Intérêt de l'opération

Économie d'impôt : 193 750 – 137 550 = 56 200

Compensation des bénéfices et des déficits des sociétés du groupe.

Ce régime de neutralité fiscale favorise les concentrations.

(1) La moins-value à long terme constatées sur titres de participations imposables à 0 % (à compter de 2007) n'est pas déductible d'une plus-value à long terme sur titres de participation imposables à 15 %.

5. Écritures comptables

Dans la société Nadège

6981	Intégration fiscale – Charges	115 300	
451	Société Nicole	72 250	
451	Société Narcisse		50 000
444	État, impôt sur les sociétés		137 550
	171 500 – 56 200		

Dans la société Narcisse

451	Société Nadège	50 000	
6989	Intégration fiscale – Produits		50 000
	Comptabilisation de l'impôt		

Dans la société Nicole

6981	Intégration fiscale – Charges	72 250	
451	Société Nadège		72 250
	Comptabilisation de l'impôt		

6. Conséquences de la sortie du groupe de Narcisse

Si, en N+1, Nadège cédait 25 % des titres Narcisse qu'il possédait, la société Narcisse ne pourrait plus être intégrée fiscalement à la société Nadège.

En cas de sortie de groupe (pour les exercices ouverts à compter du 1er janvier 1992), doivent être notamment réintégrés les subventions indirectes provenant du transfert d'immobilisation pour un prix différent de la valeur réelle ainsi que les autres subventions directes ou indirectes ainsi que les abandons de créances dans la mesure où ils ont été consentis dans les cinq derniers exercices précédant l'exercice de sortie. Dans le cas, seul l'abandon de créances consenti par Nadège à Narcisse est concerné.

7. Informations devant figurer dans l'annexe des comptes sociaux

L'article 531-3 du PCG précise que l'annexe des comptes individuels des sociétés intégrées fiscalement donne au moins les indications suivantes :

- les modalités de répartition de l'impôt sur les sociétés assis sur le résultat d'ensemble du groupe ;
- la différence entre l'impôt comptabilisé et l'impôt pour le paiement duquel l'entreprise est solidaire ;
- la différence entre l'impôt comptabilisé et l'impôt qui aurait été supporté en l'absence d'intégration fiscale ;

- les déficits reportables ;
- les impositions et déficits éventuellement restituables en cas de sortie de la filiale dans le délai de cinq ans ;
- la nature et le contenu spécifiques de la rubrique « Impôts sur les bénéfices ».

8. Rapport du commissaire aux comptes

La convention d'intégration fiscale constitue (Bulletin n° 75 du Conseil national des commissaires aux comptes) une opération courante au regard du groupe au regard de l'article L. 225-39 du Code de commerce. Elle peut être considérée comme étant conclue à des conditions normales dans la mesure où ses modalités sont organisées de telle façon qu'elles entraînent une neutralité parfaite pour les sociétés intégrées (ce qui est le cas puisque les charges d'impôt seraient constatées dans la filiale comme en l'absence d'intégration). En conséquence, les commissaires aux comptes n'auraient pas de rapport à établir.

6 CHAPITRE

Le cadre général de l'audit

APPLICATION 30

Orientation et planification de la mission, connaissance générale de l'entité et de son secteur d'activité, risques d'audit

Question 1

Réponse **b**. Après avoir accepté la mission, l'auditeur devra planifier celle-ci en tenant compte notamment de la connaissance qu'il a acquis de l'entité et de son secteur d'activité, il appréciera ensuite le contrôle interne puis effectuera des tests sur les comptes afin de se forger une opinion. La formulation de son opinion fera enfin l'objet d'un rapport d'audit.

Question 2

Réponse **c**. Lorsque l'entité dispose d'un comité d'audit, il est souhaitable que l'auditeur consulte ce comité avant d'accepter la mission. L'établissement du seuil de signification, l'identification des politiques de contrôle interne et des procédures appliquées, l'obtention de la liste des fournisseurs pour une confirmation, l'analyse du risque inhérent sont des opérations qui doivent être effectuées dans l'audit.

Question 3

Réponse **a**. Selon la norme d'exercice professionnel NEP 200 relative à la lettre de mission : « pour favoriser le bon déroulement de la mission du commissaire aux comptes, il est nécessaire que ce dernier définisse les termes et conditions de ses interventions. À cet effet, il doit les consigner dans une lettre de mission ».

Question 4

Réponse **e**. Le montant qui peut affecter la perception par l'utilisateur d'une information comprise dans les états financiers s'appelle le seuil de signification. De ce seuil de signification va découler le risque d'audit, lui-même lié au risque inhérent, au risque lié au contrôle et au risque de non-détection.

Question 5

Réponse **a**. Il s'agit du risque d'audit. Les risques inhérents, liés au contrôle et de non-détection font l'objet d'une appréciation par l'auditeur. Le seuil de signification n'entre pas dans le modèle du risque d'audit.

Question 6

Réponse **c**. Il s'agit du risque de non-détection. Le risque de sondage est un risque de non-détection lié à la procédure de sondage (mais la recherche d'éléments probants par le réviseur peut faire appel à d'autres techniques).

Question 7

Réponse **b**. Le risque d'audit ne peut pas être élevé si le risque de non-détection est faible. En effet, l'auditeur, après avoir apprécié le risque inhérent et le risque lié au contrôle à des niveaux élevés, fera en sorte que le risque de non-détection soit faible pour assurer un risque d'audit faible.

Question 8

Réponse **d**. La définition a. correspond à la définition d'un audit, la définition b. à celle d'une procédure analytique (appelée aussi examen analytique), la définition c. à celle d'un sondage.

Question 9

Réponse **c**. Un examen limité ne comprend tous les contrôles propres à un audit mais se limite généralement à mettre en œuvre des procédures analytiques et à obtenir des dirigeants ou de toute personne compétente des informations estimées nécessaires par l'auditeur. La confirmation directe des comptes clients et fournisseurs, l'appréciation du système de contrôle interne, l'observation de la prise d'inventaire des stocks et le contrôle de l'exactitude arithmétique des documents justificatifs ou des documents comptables sont des contrôles propres à un audit.

Question 10

Réponse **e**. À moins que vous désiriez lui faire un cadeau pour son anniversaire.

Question 11

Réponse **a**. Il s'agit d'une probabilité composée $0,10 \times 0,10 = 0,01$ soit 1 %.

Question 12

Réponse **c**. Il s'agit d'une inexactitude. Une inexactitude n'est pas obligatoirement volontaire, la fraude l'est toujours. Le terme « erreur » désigne selon la norme 2-105 CNCC « une inexactitude involontaire dans les comptes, y compris l'émission d'un chiffre ou d'une information ». La fraude est souvent susceptible d'avoir un effet significatif sur les comptes.

Question 13

Réponse **b**. Il s'agit d'une fraude. Une inexactitude peut résulter d'un acte volontaire ou involontaire et avoir ou non une incidence sur les comptes. Lorsque la mise en œuvre des procédures d'audit met en évidence les possibilités de fraudes ou d'erreurs, le réviseur doit en analyser l'incidence potentielle sur les comptes. S'il estime que la fraude ou l'erreur est susceptible d'avoir un effet significatif sur les comptes, il doit modifier les procédures d'audit initiales et mettre en œuvre les procédures complémentaires jugées nécessaires afin d'en apprécier la nature et l'en évaluer l'importance.

Question 14

Réponse **d**. Par contre, le paiement de biens ou de services effectués dans un pays autre que celui d'où proviennent les biens et les services est un élément indiquant la possibilité d'un non-respect des textes légaux et réglementaires.

Question 15

Réponse **e**. Le gouvernement d'entreprise concerne les personnes ou les organes qui ont la responsabilité de définir la stratégie et les politiques de l'entité et qui sont impliquées dans la supervision et le contrôle des activités. Dans les sociétés anonymes à directoire, la fonction de supervision et celle de direction sont assumées par des organes différents, le conseil de surveillance (avec des fonctions entièrement ou principalement non exécutives) et le directoire (chargé de l'exécutif).

Question 16

Réponse **a**. Le commissaire aux comptes devra déterminer ses besoins en personnel en fonction de la mission (et non pas fixer sa mission en fonction de son personnel disponible).

Question 17

Réponse **e**. Mais une marge brute d'autofinancement ou prévisionnelle négative est un indicateur impliquant (pas automatiquement) l'existence d'une incertitude significative sur la continuité de l'exploitation.

Question 18

Réponse **b**. La prise en compte des travaux d'un audit interne, l'utilisation des travaux d'un expert, l'utilisation des travaux de l'expert-comptable peuvent aussi être pris en considération mais ils sont insuffisants notamment dans le cadre de comptes consolidés.

Question 19

Réponse **d**. Les factures clients et fournisseurs ne permettent pas de savoir si entre deux entités, l'une peut contrôler l'autre ou exercer sur celle-ci une influence notable lors de la prise de décisions financière ou de gestion.

Question 20

Réponse **b**. La consultation de l'annexe des comptes annuels pour examiner les événements postérieurs que l'entité a pris en compte ne permet pas de s'assurer de l'exhaustivité des événements à prendre en compte. Elle ne permet pas notamment quels sont les événements qui ont été omis. De toute manière, l'annexe des comptes annuels (article 531-1, 531-2 et 531-3 du PCG) ne comporte d'informations obligatoires sur les événements postérieurs à la clôture de l'exercice.

APPLICATION 31

Refus de certifier

La société Modeste devait, compte tenu de l'article L. 123-20 du Code de commerce (« il doit être tenu compte des risques et des pertes intervenus au cours de l'exercice ou d'un exercice antérieur, même s'ils sont connus entre la date de la clôture de l'exercice et celle de l'établissement des comptes ») comptabiliser une provision pour risques liés à la restructuration et tenant compte des dépenses connues (en février N+1) ou prévisibles liées à la restructuration, aux indemnités de préavis et de licenciements (à la condition que le plan de restructuration ait été annoncé avant la 31 décembre ; si le plan a été annoncé après le 1er janvier, il est nécessaire de faire figurer un passif éventuel dans les notes annexes).

Devant cette situation, le commissaire aux comptes a le choix entre deux possibilités : ou bien il certifie les comptes avec réserves, indiquant que les comptes sont réguliers et sincères et donnent une image fidèle de la situation de la société compte tenu d'une correction qui ne remet pas en cause l'image donnée et dont il chiffre d'incidence, ou bien, il refuse de certifier, estimant que la correction est d'importance significative et remet en cause l'image fidèle, il en expose les motifs et en chiffre, si possible, l'incidence.

Si les comptes sont présentés aux actionnaires dans leur état par les dirigeants de la société (et donc sciemment), et si ces comptes dissimulent la véritable situation de la société et ne donnent pas l'image fidèle du résultat, de la situation financière et du patrimoine de l'entreprise (ce qui est le cas si les comptes ne sont pas certifiés), l'infraction prévue par l'article L. 242-6 alinéa 2 du Code de commerce est établie (présentation de comptes ne donnant pas l'image fidèle) et le commissaire aux comptes se doit, conformément à l'article L. 623-12 du Code de commerce, révéler le fait délictueux au Procureur de la République. Au contraire, si les comptes sont certifiés avec seulement des réserves, les éléments du délit ne sont pas réunis (puisqu'il y a certification de l'image fidèle) et le commissaire aux comptes n'est tenu à aucune révélation.

APPLICATION 32

Contrôle des comptes clients

1. Calendrier indicatif

Les dates indiquées dans l'énoncé de la question laissent le temps matériel de demander directement confirmation au 31 décembre N.

Calendrier de la confirmation des comptes clients

(présenté en remontant dans le temps)

J = 28 mars N+1 (D+66)	Jour du Conseil
J–8 = 20 mars N+1	Synthèse des travaux par le commissaire aux comptes
J–21 à J–8 : J–21 = 7 mars N+1	Autres travaux sur le poste client (test *cut-off* ; créances douteuses, etc.)
J–28 à J – 21	Procédures alternatives (contrôles compensatoires)

J–43 à J–28 (D+30)	Exploitation réponses reçues et analyse des désaccords
J–35 = 28 février N+1	Relance téléphonique (télécopie)
J–43	Relance écrite des non-réponses (après 15 jours)
J–64	Envoi lettres
J–65 = 28 janvier N+1	Impression lettres et relevés de comptes
J–72 = 21 janvier N+1	Sélection comptes individuels à circulariser
D = 20 janvier N+1	Disponibilité balances clients
J–80	Finalisation plan d'audit et étendue de la circularisation

2. Critères de sélection des clients

Le choix des clients retenus pour la confirmation est une étape importante. Dans la mesure où le commissaire aux comptes travaille par sondages, il faut que l'échantillon soit le plus représentatif possible s'il veut extrapoler sans biais les résultats à la population.

Le nombre de clients retenus dépend de la conclusion que le commissaire aux comptes a porté sur la fiabilité des procédures de la fonction ventes-clients lors de l'appréciation du contrôle interne.

S'il n'utilise pas une technique d'échantillonnage statistique (certaines de ces techniques prennent en compte la qualité du système de contrôle interne), il devra considérer les critères suivants :

- soldes ou opérations pour lesquels des risques sont pressentis ;
- soldes ou opérations supérieurs à un montant déterminé : l'objectif dans ce cas étant de couvrir une partie importante du montant figurant dans les comptes annuels avec un nombre limité de comptes individuels ;
- mouvements importants, pour sélectionner des clients dont les opérations sont significatives alors que leurs soldes sont peu importants ;
- soldes ou opérations anciens ; les risques sur ces éléments pouvant être plus importants que sur des soldes ou opérations récents ;
- soldes nuls et soldes créditeurs : ces derniers pouvant cacher des anomalies.

Les autres comptes pourront être sélectionnés au hasard en utilisant une table de nombres au hasard ou, le plus souvent, par tirage systématique en fonction de l'échantillon recherché et du nombre total de comptes.

Il ne faut pas omettre dans la sélection les effets à recevoir, y compris les effets escomptés mais non échus. En effet, ces derniers constituent des dettes comptabilisées chez le débiteur. En fonction du système de règlement et de comptabilisation des effets, il pourra être envisagé de faire une sélection à partir des comptes d'effets à recevoir.

Si la procédure de confirmation a déjà été appliquée au cours des exercices précédents, il est utile d'examiner les confirmations antérieures pour tenir compte des commentaires éventuels contenus dans les réponses. En particulier, lorsque des clients ont signalé antérieurement que leur système comptable ne leur permettait pas de répondre à la confirmation, d'autres procédures peuvent être envisagées.

En pratique, les approches suivantes peuvent être évoquées (le choix d'une approche n'étant pas exclusif d'un autre choix) :

- clients des centres qui présentent les soldes les plus importants à la clôture (colonne 4 de l'annexe 1) ;

- clients des centres qui présentent les CA les plus importants (colonne 3 de l'annexe 2) ;
- 10 clients les plus importants de chacun des 20 centres, soit 17 % du CA total (colonne 7 de l'annexe 1) ;
- confirmation directe au hasard (table de hasard, logiciel d'aide à la sélection) ;
- méthode de sélection autre que le hasard ;
- clients qui présentent les chiffres d'affaires les plus importants, quels que soient les centres ;
- clients qui présentent les soldes les plus importants à la clôture, quels que soient les centres ;
- toute autre méthode du moment qu'elle est argumentée.

3. Postes comptables concernés

- Clients et Effets à recevoir.
- Dépôts de garantie.
- Chiffre d'affaires de l'année.

En outre, la lettre de confirmation directe peut prévoir la confirmation des camions en location à la date de confirmation.

4. Traitement des demandes sans réponse

L'absence de réponse à la lettre d'une entreprise qui entretient des relations commerciales normales avec ses clients est une anomalie pouvant être d'autant plus regrettée que la confirmation est un moyen de contrôle réciproque. Il convient donc d'être attentif à la justification des soldes qui n'ont pas été confirmés.

Les demandes restées sans réponse doivent normalement faire l'objet de contrôles de substitution ; par exemple :

- examen des encaissements ultérieurs en s'assurant qu'ils concernent bien les opérations faisant l'objet de la demande de confirmation ;
- vérification des livraisons et de la facturation composant le solde (copie des factures, bons d'expédition comportant la prise en charge par un transporteur ou le client, examen et justification des avoirs ou des crédits de toute nature autres que les encaissements en s'attachant plus particulièrement au contrôle des autorisations) ;
- pour confirmer la réalité de l'existence du client, il peut être également utile d'effectuer des contrôles d'adresse avec le fichier adresses de l'entreprise, les dossiers et la correspondance avec le client. Ces contrôles seront réalisés pour tous les clients n'ayant pas répondu.

APPLICATION 33

Contrôle des stocks

1. Présence du collaborateur

La mission du commissaire aux comptes est permanente, c'est-à-dire qu'elle peut s'échelonner sur toute la durée du mandat et sur toute la durée de chacun des exercices considérés. D'autre part, les pouvoirs d'investigations du commissaire aux comptes sont très larges. Parmi ces contrôles, celui de l'inventaire, notamment par une assistance réelle à celui-ci, est légal.

L'article L. 823-10 du Code de commerce fait interdiction au commissaire aux comptes (et donc par conséquent à ses collaborateurs) de s'immiscer dans la gestion de l'entité contrôlée. Aussi, le collaborateur ne peut intervenir directement dans les opérations d'inventaire, mais par contre, il peut les contrôler selon les méthodes de son choix.

2. Principes généraux de déroulement de l'inventaire

Le but de l'inventaire est de produire un état détaillé et descriptif des stocks et en-cours.

Le législateur ne fournit aucune précision sur les modalités de l'inventaire des stocks. On peut cependant considérer que l'inventaire doit comprendre trois phases : une phase préparatoire, une phase d'inventaire proprement dite et une phase postérieure.

La première phase consiste en la préparation de l'inventaire :

- définition du cadre comptable (différents lieux de stockage, marchandises en instance d'expédition, marchandises livrées mais non encore facturées...) ;
- choix de la date d'inventaire en concertation avec la direction de l'entreprise ;
- organisation de l'entreprise (classement de factures pour apprécier le chevauchement d'exercice, rapprochement factures, bons de livraison, rangement des aires de stockage...) ;
- information et formation du personnel d'inventaire (objectif de l'inventaire, méthode de comptage, de relevé, sensibilisation à l'importance de la qualité de recensement) ;
- détermination des équipes.
- La seconde phase est celle de la journée d'inventaire :
- le recensement ne doit pas être conformément aux procédures indiquées préalablement ;
- une attention particulière doit être portée sur les sorties pendant l'inventaire (il paraît difficile de les interdire, sauf arrêter l'activité de l'entreprise, il faut donc prévoir une procédure d'autorisation d'enlèvement) ;
- le responsable doit contrôler le travail en équipe de comptage pendant le déroulement même de l'inventaire.

La troisième phase est celle de la valorisation des stocks.

3. Principaux dysfonctionnements de l'inventaire

a) Le principe de séparation des fonctions ne semble pas être correctement appliqué dans ce cas. En effet, le chef d'atelier cumule les fonctions de décision (choix de date, organisation matérielle de l'inventaire), d'enregistrement (maître des données d'inventaire, des régularisations à enregistrer) et de contrôle.

b) Il n'existe pas de préparation d'inventaire : pas d'instruction sur l'organisation préalable à l'inventaire, sur le déroulement, sur le champ des produits à inventorier.

c) La réalisation de l'inventaire pendant des phases d'activité entraîne des difficultés quant au comptage des stocks en atelier, des sorties magasin pour la production, des produits finis pendant l'inventaire, des en-cours, ainsi que pour ces derniers des difficultés de valorisation.

d) Les inventoristes sont seuls. Se pose alors le problème de la fiabilité de l'information, car il n'y a pas de contrôle sur les comptages.

e) Il n'existe pas de recherche d'explications des différences d'inventaire, ni de mesure globale de l'importance du phénomène. Également, les régularisations subséquentes sont opérées sans accords préalables d'une autorité de niveau élevé.

f) La matérialité de l'inventaire est déficiente. De plus, la réalisation de celui-ci à partir d'une photocopie de l'inventaire permanent ne favorise pas le dégagement des écarts.

g) L'organisation de l'inventaire est déficiente, il n'existe pas d'indication sur l'état d'avancement de l'inventaire. les possibilités d'oublis ou de comptages multiples sont réelles d'autant plus que l'activité productive et logistique est maintenue.

h) Il n'existe pas d'information sur les stocks peu mouvementés.

4. Risques potentiels

a) Quantités mentionnées de produits erronés, tant dans le sens d'une surévaluation que dans le sens d'une sous-évaluation.

b) Difficulté à l'arrêté de comptes de valoriser correctement certains stocks de produits en particulier ceux qui présente une faible rotation.

Conséquences :

• La pertinence du résultat peut être gravement obérée et ceci d'autant plus que le poids des stocks est particulièrement lourd dans l'entreprise (problème des éventuelles distributions en cas de surévaluation du résultat).

• La certification des comptes réguliers, sincères et donnant une image fidèle du résultat des opérations de l'exercice écoulé, de la situation financière et du patrimoine de la société sera difficile à réaliser sans réserve.

c) L'absence d'explication des écarts d'inventaire entraîne la continuité de certains dysfonctionnements possibles tels : erreurs sur les livraisons, gaspillage voire démarque inconnue à l'intérieur même de l'entreprise d'autant plus que les produits sont facilement transportables (du fait de leur taille) et négociable (produits grand publics).

5. Demande du commissaire aux comptes face aux dysfonctionnements

La demande du commissaire aux comptes s'effectue dans le respect du principe de non-immixtion. Cependant, il est néanmoins possible de demander une organisation d'inventaire en respectant les phases suivantes :

a) Préparation de l'inventaire avec en particulier

– maîtrise et supervision de l'inventaire par la direction générale ; celle-ci doit choisir la date de l'inventaire et participer à la préparation de celui-ci, et délégation possible de l'organisation du chef d'atelier ;

– organisation de l'entreprise juste avant l'inventaire :

• détermination des champs à inventorier, rangement et codification des aires de stockage ;

• rangement administratif : classement des factures d'après la date de livraison afin de faciliter le rapprochement factures : bons de livraisons ;

• constitution des équipes d'inventaire ;

• matérialité de l'inventaire, registre d'inventaire, feuilles prénumérotées ;

• information des participants, rôle de chacun, procédure de comptage, d'avancement, documents utilisés.

b) Déroulement de l'inventaire

– arrêt de l'activité pendant le déroulement de l'inventaire et mise à disposition de l'inventaire de l'ensemble du personnel sous le contrôle de la direction générale ;

- un responsable de la direction doit conserver la maîtrise du registre d'inventaire, il doit le mettre à jour en permanence, il doit veiller au retour de toutes les feuilles d'inventaire distribuées ;
- les responsables de la direction le chef d'atelier doivent vérifier le bon déroulement de la procédure d'inventaire établie, s'assurent de l'avancement des travaux de comptage et par sondage, ils contrôlent les inventaires déjà établis.

c) Contrôle de l'inventaire

- mise en évidence des écarts entre l'inventaire réel et l'inventaire permanent ;
- recherche d'explications de ces écarts afin éventuellement de proposer dans le futur la mise en place de nouvelles procédures ;
- vérification de la cohérence de la valorisation établie à partir de l'inventaire permanent par un rapprochement avec les prix des dernières factures avec les prévisions ;
- recherche des éventuelles provisions.

APPLICATION 34

Sondages

Premier travail

L'ensemble des comptes clients pouvant être effectué en trois groupes, vous allez essayer d'optimiser vos contrôles en effectuant des sondages ou des contrôles intégraux sur les trois types de clients.

La table de l'annexe 2 ne vous donnant pas de taille d'échantillon pour une précision de 0,5 % pour des populations inférieures à 3 000 unités, vous allez effectuer un contrôle intégral des 36 clients du Groupe A pour lesquels le solde est supérieur à 20 000 € et demander la correction systématique des différences constatées.

Pour les clients du groupe C qui sont fort nombreux, vous allez essayer de réduire au maximum la taille de l'échantillon. Pour une population d'environ 600 clients, il vous faut prélever un échantillon de 74 unités (l'échantillon est de 70 unités pour 400 clients et de 72 unités pour 500 clients). L'écart maximum pourra dans le cadre de ce sondage être évalué à

1 503 000 × 3 % × 22 % = 9 920 €.

Il faut donc pour le groupe B limiter l'écart à 20 000 – 9 920 = 10 080 €.

On a le choix en fait entre deux solutions :

a) Prendre un échantillon de 59 unités (sur une population de 200 unités) ce qui avec un taux de précision de 3 % donnera un écart maximum de : 2 025 000 × 3 % × 22 % = 13 365 €

b) Prendre un échantillon de 97 unités (sur une population d'environ 200 unités) ce qui, avec un taux de précision de 2 % donnera un écart maximum de 2 025 000 × 2 % × 22 % = 8 910 €.

On peut constater ainsi que la solution b est compatible avec les contraintes fixées.

Il conviendra de lancer 207 lettres de confirmation se répartissant comme suit :

- Groupe A : 36 lettres ;
- Groupe B : 97 lettres ;
- Groupe C : 74 lettres.

Deuxième travail

1) Bien qu'en moyenne un échantillon de 100 clients avec un niveau d'acceptation de 3 % doit comporter 100 × 3 % = 3 erreurs, il est bien certain des fluctuations d'échantillonnage peuvent conduire à observer plus de 3 erreurs Ainsi, si on analyse l'annexe 3, on peut constater que la probabilité de rencontrer plus de 6 erreurs est égale à :

0,0216 + 0,0081 + 0,0027 + 0,0008 + 0,0002 + 0,0001 = 0,0335 (soit 3,35 %).

Quant à la probabilité de rencontrer plus de cinq erreurs, elle est égale à celle de rencontrer plus de 6 erreurs soit 0,0335 et à celle de rencontrer 6 erreurs soit 0,0504 soit au total 0,0839.

Il faut donc retenir au maximum 6 erreurs car la probabilité de rencontrer plus de 6 erreurs est inférieure à 5 %

2) Si vous trouvez deux erreurs et en tenant compte toujours du niveau de confiance de confiance de 95 %, vous savez en examinant la colonne 2 du tableau 3 que vous avez une probabilité de 0,0526 (0,0361 + 0,0120 + 0,0034 + 0,0009 + 0,0002). Vous pouvez donc admettre que le taux maximum dans la population ne sera pas supérieur à 4 %.

Troisième travail

En utilisant la binomiale, la probabilité de ne trouver aucune erreur est égale à :

$$P(x=0) = C_{20}^{0} \times 0,01^{0} \times 0,99^{20} = \frac{20!}{0! \times 20!} \times 0,01^{0} \times 0,99^{20} = 0,8179$$

En utilisant la loi hypergéométrique, la probabilité de ne trouver aucune erreur sera égale à :

$$P(x=0) = \frac{C_{20}^{0} \times C_{180}^{2}}{C_{200}^{2}} = \frac{20!}{0! \times 20!} \times \frac{180!}{2! \times 178!} \times \frac{2! \times 198!}{200!} = \frac{179 \times 180}{199 \times 200} = 0,8095$$

Quatrième travail

Comme le sujet ne donne pas le niveau de l'erreur, on peut considérer que l'erreur constatée est égale à 22 % du niveau moyen d'un compte « Clients ».

En extrapolant l'ensemble au compte « Clients » du bilan, on trouve un écart moyen égal à :

$$1\ 488\ 000 \times \frac{1}{30} \times 22\ \% + 2\ 025\ 000 \times \frac{2}{75} \times 22\ \% + 1\ 503\ 000 \times \frac{3}{80} \times 22\ \% = 35\ 192\ €$$

La moyenne de l'écart constatée dans l'échantillon est donc de $\frac{35\ 192}{5\ 016\ 000} = 0,70159\ \%$

D'après la loi normale on peut dire que les limites (avec un niveau d'acceptation de 95 % est compris entre le montant constaté et ± 1,96 σ)

L'écart type σ est égal à (selon la Loi de Laplace-Gauss : estimation d'une proportion) à :

$$\sqrt{\frac{p(1-p)}{n}} = \sqrt{\frac{0,0070159 \times 0,9929841}{(30+75+80)}} = 0,0061366$$

La limite maximum de l'écart est donc de 0,70159 % + 1,96 × 0,61366 % = 1,9043636 %

En conséquence, l'évaluation du poste clients peut être comprise (avec un niveau de confiance de 95 %) entre

5 016 000 − 5 016 000 × 1,9043636 % = 4 920 478 € et

5 016 000 + 5 016 000 × 1,9043636 % = 5 111 523 €.

L'écart trouvé est beaucoup trop important.

7 CHAPITRE

Le contrôle interne

APPLICATION 35

Analyse de la norme d'exercice professionnel « Procédures d'audit mises en œuvre par le commissaire aux comptes à l'issue de son évaluation des risques »

1. Risque d'anomalies significatives

Est significatif l'élément dont l'omission ou l'inexactitude est susceptible d'influencer les décisions économiques ou le jugement fondés sur les comptes. Une anomalie significative est une information comptable ou financière inexacte, insuffisante ou omise, en raison d'erreurs ou de fraude, d'une importance telle que, seule ou cumulée avec d'autres, elle peut influencer le jugement de l'utilisateur d'une information comptable ou financière. Le risque d'anomalies significatives est lié au risque d'audit, lequel est le risque que le commissaire aux comptes exprime une opinion incorrecte du fait d'anomalies significatives contenues dans les comptes et non détectées. Le risque d'audit se subdivise en trois composants : le risque inhérent, le risque lié au contrôle et le risque de non-détection.

2. Procédures d'audit

On appelle « procédures d'audit » l'ensemble des travaux réalisés au cours de l'audit afin de collecter les éléments permettant d'aboutir à des conclusions à partir desquelles le commissaire aux comptes fonde son opinion.

3. Assertions

Les assertions sont les critères dont la réalisation conditionne la régularité, la sincérité et l'image fidèle des comptes. Il y a lieu de distinguer, comme le fait la norme d'exercice professionnel sur les éléments probants :

- les assertions concernant les flux d'opérations et les événements survenus au cours de la période ;
- les assertions concernant les soldes des comptes en fin de période ;
- les assertions concernant la présentation des comptes et les informations fournies dans l'annexe.

Assertions concernant les flux d'opérations et les événements survenus au cours de la période

- réalité : les opérations et les événements qui ont été enregistrés se sont produits et se rapportent à l'entité ;
- exhaustivité : toutes les opérations et tous les événements qui auraient dû être enregistrés sont enregistrés ;
- mesure : les montants et autres données relatives aux opérations et événements ont été correctement enregistrés ;
- séparation des exercices : les opérations et les événements ont été enregistrés dans la bonne période ;
- classification : les opérations et les événements ont été enregistrés dans les comptes adéquats.

Assertions concernant les soldes des comptes en fin de période

- existence : les actifs et les passifs existent ;
- droits et obligations : l'entité détient et contrôle les droits sur les actifs, et les dettes correspondent aux obligations de l'entité ;
- exhaustivité : tous les actifs et les passifs qui auraient dû être enregistrés l'ont bien été ;
- évaluation et imputation : les actifs et les passifs sont inscrits dans les comptes pour des montants appropriés et tous les ajustements résultant de leur évaluation ou imputation sont correctement enregistrés.

Assertions concernant la présentation des comptes et les informations fournies dans l'annexe

- réalité et droits et obligations : les événements, les transactions et les autres éléments fournis se sont produits et se rapportent à l'entité ;
- exhaustivité : toutes les informations relatives à l'annexe des comptes requises par le référentiel comptable ont été fournies ;
- présentation et intelligibilité : l'information financière est présentée et décrite de manière appropriée, et les informations données dans l'annexe des comptes sont clairement présentées ;
- mesure et évaluation : les informations financières et les autres informations sont données fidèlement et pour les bons montants.

4. Tests de procédures

La notion de tests de procédures est définie notamment par le lexique de l'IAASB de l'IFAC comme des « tests permettant d'obtenir des éléments probants sur l'efficacité :

- de la conception des systèmes comptables et de contrôle interne, c'est à cire s'ils ont été correctement conçus pour prévenir, détecter et corriger des anomalies significatives ;
- du fonctionnement des contrôles internes pendant toute la période ».

Les tests de procédures peuvent comprendre :

- l'examen des documents justifiant les opérations et d'autres procédures visant à rassembler des éléments probants sur le bon fonctionnement des contrôles internes, par exemple la vérification qu'une opération donnée a été autorisée ;

- des demandes d'informations et l'observation des contrôles internes qui ne laissent aucune trace matérielle, par exemple pour déterminer précisément qui effectue chaque tâche et pas simplement la personne qui est censée l'effectuer ;
- une vérification des contrôles internes, par exemple des rapprochements bancaires, afin de s'assurer qu'ils ont été correctement réalisés.

Ainsi dans le cadre des procédures d'audit mises en œuvre par le commissaire aux comptes à l'issue de son évaluation des risques, le commissaire aux comptes réalise des tests de procédures pour collecter des éléments suffisants et appropriés montrant que les contrôles de l'entité ont fonctionné efficacement au cours de la période contrôlée dans les cas suivants :

- lorsqu'il a retenu, dans son évaluation du risque d'anomalies significatives au niveau des assertions, l'hypothèse selon laquelle les contrôles de l'entité fonctionnent efficacement ;
- lorsqu'il considère que les seuls contrôles de substance ne permettent pas de réduire le risque d'audit à un niveau suffisamment faible pour obtenir l'assurance recherchée.

5. Contrôles de substance

On appelle « contrôles de substance » ou « contrôles substantifs » les procédures conduisant à collecter les éléments probants permettant de détecter des anomalies significatives dans les comptes. Ils sont de deux types :

- contrôles portant sur le détail des opérations et des soldes ;
- procédures analytiques.

La nature des contrôles substantifs peut consister par exemple, à être des contrôles visant à obtenir des confirmations directes de tiers indépendants à l'entité plutôt que des contrôles visant à obtenir de la documentation interne, ou des contrôles détaillés permettant de répondre à un objectif d'audit donné en complément de procédures analytiques.

L'étendue des contrôles substantifs à effectuer, peut être élargie, par exemple en utilisant un échantillon plus large.

6. Procédures analytiques

Les procédures analytiques (ou examen analytique) sont des techniques de contrôles qui consistent à apprécier des informations financières à partir :

- de leurs corrélations avec d'autres informations, issues ou non des comptes, ou avec des données antérieures, postérieures ou prévisionnelles de l'entité, ou d'entités similaires ; et
- de l'analyse des variations ou des tendances inattendues.

7. Observation physique

L'observation physique est une technique de contrôle qui consiste à examiner la façon dont une procédure est exécutée au sein de l'entité (définition de la norme d'exercice professionnel relative à la connaissance de l'entité et de son environnement et évaluation du risque d'anomalies significatives dans les comptes)

Comme l'indique la définition ci-dessus, il s'agit d'observer (ni de compter, ni de questionner, ni d'analyser des documents). Cette technique ne peut être utilisée que dans les situations où il y a quelque chose à observer : un inventaire (inventaire des stocks, des espèces en caisse, etc.) ou comment une procédure est appliquée, par exemple comment les magasiniers procèdent pour vérifier la qualité des marchandises entrées.

Le commissaire aux comptes peut également s'asseoir devant un salarié pour observer comment il signe un chèque, approuve un bon de commande ou enregistre une facture : ce type d'observation est réalisé par le commissaire aux comptes pour bien comprendre les procédures de contrôle interne mais il nécessite du doigté car le travail observé ne doit pas conduire le salarié à penser qu'il est espionné.

8. Inspection

L'inspection est une technique de contrôle qui consiste à :

- examiner des enregistrements ou des documents, soit internes, soit externes, sous forme papier, sous forme électronique ou autres supports ;
- ou à procéder à un contrôle physique des actifs corporels.

9. Évaluation du risque inhérent

Pour évaluer le risque inhérent, le commissaire aux comptes exerce son jugement professionnel pour évaluer divers facteurs tels que :

a) Au niveau des comptes pris dans leur ensemble

- l'intégrité de la direction ;
- l'expérience et les connaissances des dirigeants ainsi que les changements au sein de l'équipe de direction intervenus durant l'exercice. Le niveau d'expérience des dirigeants peut, par exemple, avoir des répercussions sur l'établissement des comptes de l'entité ;
- les pressions inhabituelles exercées sur la direction, notamment les circonstances qui pourraient l'inciter à présenter des comptes inexacts, telles qu'un nombre élevé de faillites dans le secteur d'activité ou une entité qui ne dispose pas de fonds propres suffisants pour poursuivre ses activités ;
- la nature des activités de l'entité. Par exemple : l'obsolescence technologique potentielle de ses produits ou de ses services, la complexité dans la détention de son capital, l'importance des parties liées, le nombre de centres de production et la dispersion de leur implantation géographique ;
- ceux influençant le secteur dans lequel opère l'entité, telles que les conditions économiques et concurrentielles mises en évidence par les tendances et les ratios financiers ainsi que les innovations technologiques, l'évolution du marché et les pratiques comptables du secteur.

b) Au niveau du solde des comptes et des catégories d'opérations

- les comptes pouvant comporter des anomalies, tels que ceux enregistrant des écritures de redressement au titre d'exercices antérieurs ou reposant en grande partie sur des estimations ;
- la complexité des opérations sous-jacentes ou d'autres événements qui peuvent nécessiter l'intervention d'un expert ;
- le degré de jugement intervenant dans la détermination des valeurs d'inventaires ;
- la vulnérabilité des actifs aux pertes ou aux détournements, par exemple des actifs attractifs ou faciles à détourner tels que la trésorerie ;
- l'enregistrement d'opérations inhabituelles ou complexes, notamment à la clôture de l'exercice ou à une date proche ;
- des opérations non soumises aux traitements habituels.

10. Risque lié au contrôle

Le « risque lié au contrôle » est le risque qu'une anomalie dans un solde de compte ou dans une catégorie d'opérations, prise isolément ou cumulée avec des anomalies dans d'autres soldes de comptes ou d'autres catégories d'opérations, soit significative et ne soit ni prévenue, ni détectée par les systèmes comptables et de contrôle interne et donc non corrigée en temps voulu.

11. Référentiel comptable

Le référentiel comptable est (définition de l'IAASB de l'IFAC) « l'ensemble des critères utilisés pour la préparation des états financiers qui s'appliquent à tous les éléments importants et qui s'appuient sur des données justificatives ». En France, le référentiel comptable est :

- pour les comptes individuels, soit le Plan comptable général (règlement 99-03 modifié du Comité de la réglementation comptable) ou des plans comptables particuliers (banque, assurances, notamment) lesquels peuvent renvoyer en partie au Plan comptable général (associations, agriculture, etc.) ;
- pour les comptes consolidés, soit les normes IFRS telles qu'elles ont été adoptées par les règlements européens, soit le règlement 99-02 du Comité de la réglementation comptable relatif aux comptes consolidés des sociétés commerciales et des entreprises (ou des règlements spécifiques aux banques et aux assurances et entités assimilées).

12. Documentation du commissaire aux comptes

Différentes techniques peuvent être utilisées pour documenter l'analyse des systèmes comptable et de contrôle interne. Le commissaire aux comptes est libre d'opter pour la technique de son choix. Parmi celles les plus couramment utilisées, seules ou combinées, on relèvera les descriptions narratives, les questionnaires, les listes de contrôle et les diagrammes. La forme et l'étendue de la documentation dépendent de la taille et de la complexité de l'entité ainsi que de la nature de ses systèmes comptable et de contrôle interne. En général, plus les systèmes sont complexes, plus les procédures d'analyse seront étendues et la documentation développée.

APPLICATION 36

Contrôle interne

1. Diagramme de circulation « cycles de ventes »

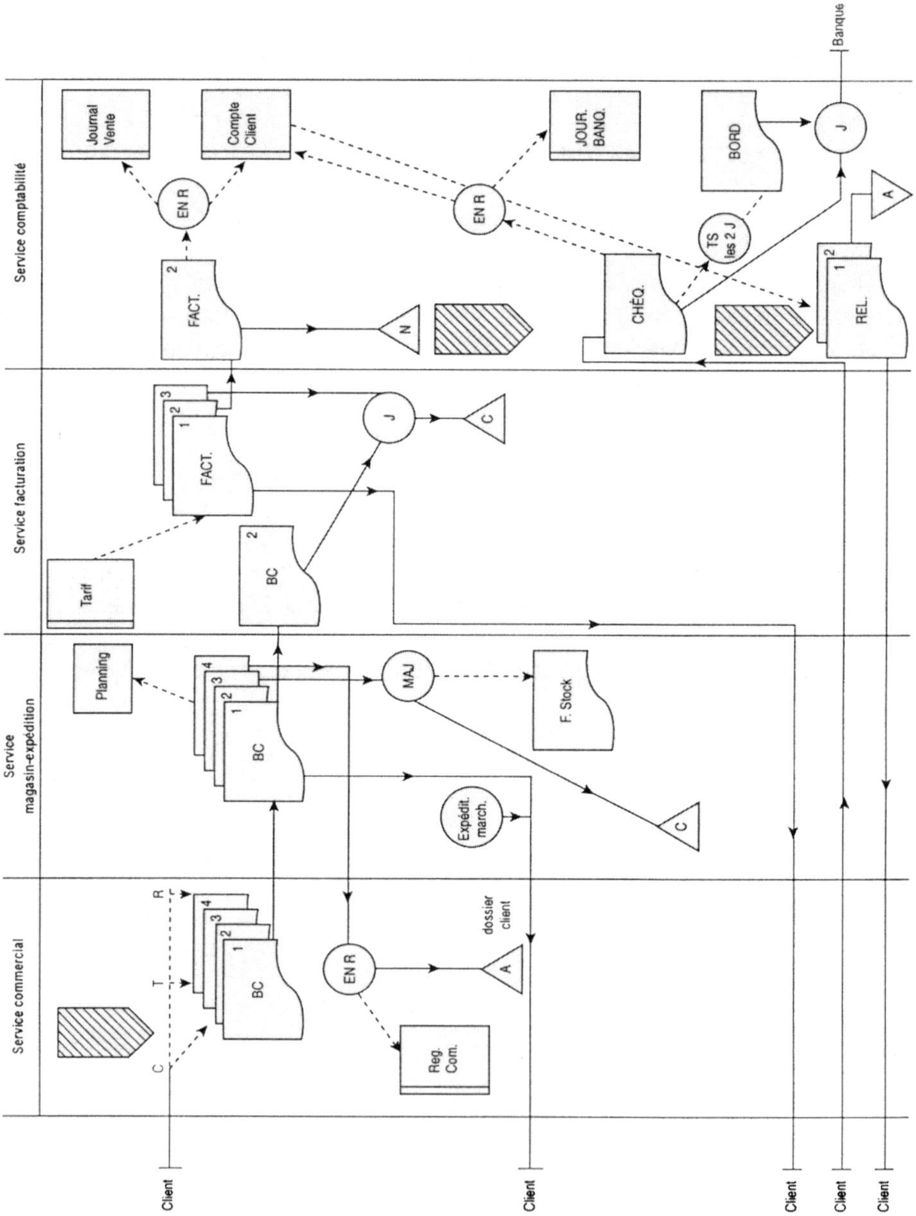

2. Grille d'analyse faisant ressortir les fonctions assumées

Entreprise Emilien	Services assumant les fonctions			
Fonctions	Commercial	Magasin expédition	Facturation	Comptabilité
Réception des commandes	X			
Établissement bon de commande	X			
Mise à jour du planning		X		
Expédition des marchandises		X		
Mise à jour du stock		X		
Enregistrement des commandes	X			
Enregistrement des factures			X	
Envoi des factures			X	
Enregistrement comptable des factures				X
Réception règlements clients				X
Établissement bordereaux remise de chèque				X
Pointage compte client				X
Établissement relances				X

3. Questionnaire de contrôle interne

Questions	oui ou N/A	non	Faiblesses apparentes
1. Les commandes sont-elles approuvées par le service Crédits avant qu'elles soient acceptées		X	Vente à des clients insolvables
2. La responsabilité des autorisations de crédits est-elle complètement séparée des autres fonctions, particulièrement de la gestion de trésorerie, responsabilité au niveau des ventes, et fonction comptable ?	N/A		La comptabilité qui tient les comptes clients n'est pas interrogée lors de l'exécution d'une commande
3. Des bons de livraison : a) sont-ils utilisés ? b) sont-ils utilisés pour tous les éléments qui sortent de l'entreprise ? c) sont-ils prénumérotés ?		X	Il n'y a pas de bons de livraison. Le service commercial établit un bon de commande à la réception des commandes

☞

☞

4. Les bons de livraison sont-ils rapprochés des commandes du client pour le contrôle des quantités et des désignations, de façon à s'assurer que tous les articles livrés sont bien ceux qui étaient l'objet de la commande ?		X	Le service magasin-expédition expédie les marchandises avec l'original du Bon de commande établi par le service commercial
5. Des factures : a) sont-elles préparées pour toutes les ventes ? b) sont-elles prénumérotées ?	X	 X	 Risque d'erreur de numérotation
6) Un contrôle est-il fait pour s'assurer qu'il existe des bons de livraison pour toutes les factures et inversement ?		X	Le bon de commande est visé par le service expédition quand la marchandise est expédiée, puis est transmis au service facturation
7. Les factures sont-elles rapprochées des avis d'expédition pour contrôle des quantités et désignations, afin de s'assurer que tous les articles livrés ont bien été facturés ?		X	Aucun contrôle n'est effectué auprès de la facturation entre le bon de commande et la facture
8. Un contrôle est il fait pour s'assurer que toutes les factures sont enregistrées et que tous les numéros de factures font l'objet d'un suivi comptable ?		X	Contrôle non effectué au niveau du service facturation mais l'enregistrement au journal des ventes est fait par ordre numérique
9. Les factures font-elles l'objet de contrôles au niveau : a) des tirages ? b) des totalisations ? c) des conditions ? d) des prix ?		 X X X X	Risques d'erreurs au niveau notamment des calculs arithmétiques
10. Les livraisons partielles sont-elles sujettes aux mêmes procédures que les ventes normales, y compris l'imputation au niveau de l'inventaire du coût des marchandises sorties ?	N/A		
11. Les ventes diverses suivent-elles les mêmes procédures que les ventes normales par exemple, ventes d'équipement, déchets, rebuts et ventes au personnel ?	N/A		
12. Des récapitulatifs des ventes sont-ils préparés, indépendamment des documents établis par le département comptable qui peuvent être utilisés en tant qu'élément de contrôle des ventes enregistrées		X	Le service commercial tient un registre des commandes mais celles-ci ne sont pas valorisées.

Source : Questionnaire de H. F. Steller.

4. Feuille d'évaluation du système

Ref QCI ou DIAG	Faiblesses apparentes relevées	Effets possibles	Incidences sur les états financiers		Incidences sur le programme d'audit	Recommandation au client
			O/N	Raison		
1 DIAG	Le service commercial qui enregistre les commandes clients décide des conditions de règlement à accorder aux clients. Il y a cumul de fonctions	Certains clients peuvent avoir des délais de règlement supérieurs aux conditions normales de l'entreprise. Risque de difficulté de recouvrement	oui	Les clients débiteurs d'un montant important peuvent faire l'objet d'une dépréciation.	Vérifier les comptes clients débiteurs. Contrôler les dépréciations pour créances douteuses.	La direction doit fournir une liste des conditions clients. Elle doit être avisée pour les opérations spéciales
2 QCI 1	Le service commercial ne contrôle pas la solvabilité du client	Risque d'insolvabilité des clients. Mauvaise gestion	oui	Évaluation dépréciation pour créances douteuses.	Vérifier les clients débiteurs par ancienneté et contrôler l'évaluation des dépréciations.	Le service commercial devrait avoir la liste des clients et aviser la direction en cas d'incertitude sur l'opportunité de la livraison
3 QCI 3	Les bons de commande ne sont pas prénumérotés : on n'a pas la certitude que tous les bons de commande ont été honorés	Risque d'erreur. Attribution d'un même numéro à deux bons de commandes différents	oui	Erreur dans les recettes si ces marchandises ont été expédiées sans facture correspondante.	Vérifier le pourcentage de marge brute par rapport aux exercices précédents.	Les bons de commande doivent être établis sur des liasses prénumérotées
4 DIAG	Le service magasin expédition qui est responsable de la conservation des stocks est aussi chargé de la tenue des fiches de stock. Il y a cumul de fonctions	Risque de détournement des marchandises et de dissimulation des détournements	oui	Risque d'erreur dans la détermination des stocks. Conséquences sur le résultat	Si possible contrôler la marge brute par catégorie de marchandises. Contrôle de certaines fiches de stock	Faire effectuer la mise à jour des fiches de stock par le service comptabilité ou le service facturation
5 QCI 5	Les factures ne sont pas prénumérotées : le n° est mis au moment de l'émission	Risque de perte de la facture si deux factures portent le même n°, il peut arriver qu'une seule soit transmise à la comptabilité	oui	Omission de comptabilisation de recettes. Conséquences sur le résultat	Contrôle marge brute. Contrôle journal des ventes. Rapprocher factures et bons de commande du service magasin.	Les factures doivent être établies sur des liasses prénumérotées

☞

☞

6 QCI 6	Les factures ne portent pas la date de l'expédition des marchandises. Impossibilité de contrôle des chevauchements en fin de mois et de fin d'exercice	Erreur dans les déclarations de TVA. Risque d'omission des factures à la fin de l'exercice. Retard de règlement	oui	Atteinte à la règle d'indépendance des exercices. Les comptes de TVA sont faux	Pointage des derniers bons de commande classés avec les factures. Vérification déclaration TVA	Faire porter la date de livraison sur les factures et les dater au jour de la livraison.
7 QCI 7	Les factures une fois établies ne sont pas comparées avec les bons de commande	Risque d'écarts entre quantités livrées et quantités facturées	oui	Incidence sur le résultat	Effectuer un sondage sur les factures et bons de commande classés au service facturation	Les bons de commande et les factures pourraient être établis par le service commercial
8 DIAG	Le service comptabilité qui enregistre les factures et tient les comptes clients a accès aux règlements des clients. De plus ce service provoque les relances clients : il y a cumul de fonctions	Risque de détournement des règlements et de dissimulation de ceux-ci par manipulation des comptes clients	oui	Incidences sur le résultat, les recettes et la TVA	Faire un rapprochement entre le journal des ventes et le registre des commandes tenues par le service commercial	Mettre en place un système d'enregistrement et de totalisation des règlements clients dès l'ouverture du courrier avant transmission à la comptabilité
9 QCI 8	Pas de contrôle pour s'assurer que toutes les factures sont enregistrées	Omission de factures même si elles sont enregistrées numériquement sur le journal des ventes	oui	Incidences sur le résultat, les recettes et la TVA	Faire un rapprochement entre le journal de ventes et le registre des commandes	Il faudrait donner le même n° à la facture et au bon de commande. Faire effectuer le cumul par le service facturation
10 QCI 9	Pas de contrôles effectués sur les factures, ni sur les prix, ni sur les conditions	Risque d'erreur de calcul du prix de vente	oui	Comptes de recettes et de résultats minorés ou majorés	Opérer quelques contrôles sur factures importantes	Demander au service comptabilité de contrôler systématiquement calculs et prix
11 QCI 12	Pas de double contrôle de l'enregistrement comptable de toutes les factures	Risque d'omission ou de double comptabilisation des factures	oui	Incidence sur les recettes, le résultat et la TVA	Faire contrôler sur un mois les factures comptabilisées et celles classées par le service de facturation	Faire totaliser par le service facturation les factures établies mensuellement
12 QCI 12	Le service commercial n'adresse pas d'accusé de réception de commande pour toute commande reçue par téléphone	Risque de litige avec le client s'il y a une livraison non conforme	oui	Comptes clients. provisions pour litiges.	Demander et examiner les litiges en cours	Adresser pour chaque commande prise par téléphone une conformation au client concerné

5. Amélioration du système

Malgré la petite taille de cette entreprise et son effectif réduit, il est possible de corriger les faiblesses relevées précédemment en appliquant les recommandations suivantes :

Service commercial

- indication sur le bon de commande prénuméroté des conditions de règlement qui auront été apportées au préalable par le chef d'entreprise ; en cas de demande de conditions exceptionnelles, consultation du chef d'entreprise avant d'accepter la commande ;
- consultation du service Comptabilité pour la solvabilité du client avant de transmettre le bon de commande au service Magasin Expéditions ;
- envoi de l'exemplaire n° 1 du bon de commande au client comme accusé de réception de commande afin d'éviter les litiges pour commande non conforme, surtout en cas de commande téléphonique ;
- vérification de la facture avec le bon de commande et le bon de livraison ; rapprochement des quantités commandées, livrées et facturées ; ces documents seront ensuite classés dans le dossier client.

Service Magasin Expéditions

- établissement en quatre exemplaires d'un bon de livraison prénuméroté pour toute expédition de marchandises :

• l'original accompagne les marchandises ;

• l'exemplaire n° 2 est adressé au service facturation ;

• l'exemplaire n° 3 est envoyé au service commercial ;

• l'exemplaire n° 4 est conservé par le service Magasin Expéditions et classé avec le bon de commande n° 3.

Service Facturation

- utilisation de liasses prénumérotées pour l'établissement des factures en quatre exemplaires ; l'exemplaire supplémentaire sera adressé au service commercial ;
- tenue des fiches de stocks à partir des bons de livraison qui lui sont transmis par le magasinier ;
- comparaison du bon de commande avec le bon de livraison ;
- totalisation mensuelle des factures émises ;
- transmission au secrétariat des factures destinées aux clients, et non expédition directe.

Service Comptabilité

- après avoir été enregistrés, les chèques seront totalisés (bande machine) puis transmis au secrétariat qui effectuera la remise en banque ;
- contrôle des doubles des bordereaux de remises de chèques avec le total des chèques enregistrés (bande machine).

Secrétariat de direction

- vérification de l'exactitude arithmétique des factures avant l'expédition aux clients ;
- enregistrement du courrier et des chèques reçus sur un registre « courrier arr » puis transmis au service comptabilité ;
- établissement des bordereaux de remises de chèques en banque ; un double devra être transmis au service comptabilité ;

– établissement des relances clients à partir des balances clients par ancienneté qui seront établies par le service comptabilité.

Diagramme de circulation du cycle des ventes : nouvelle organisation

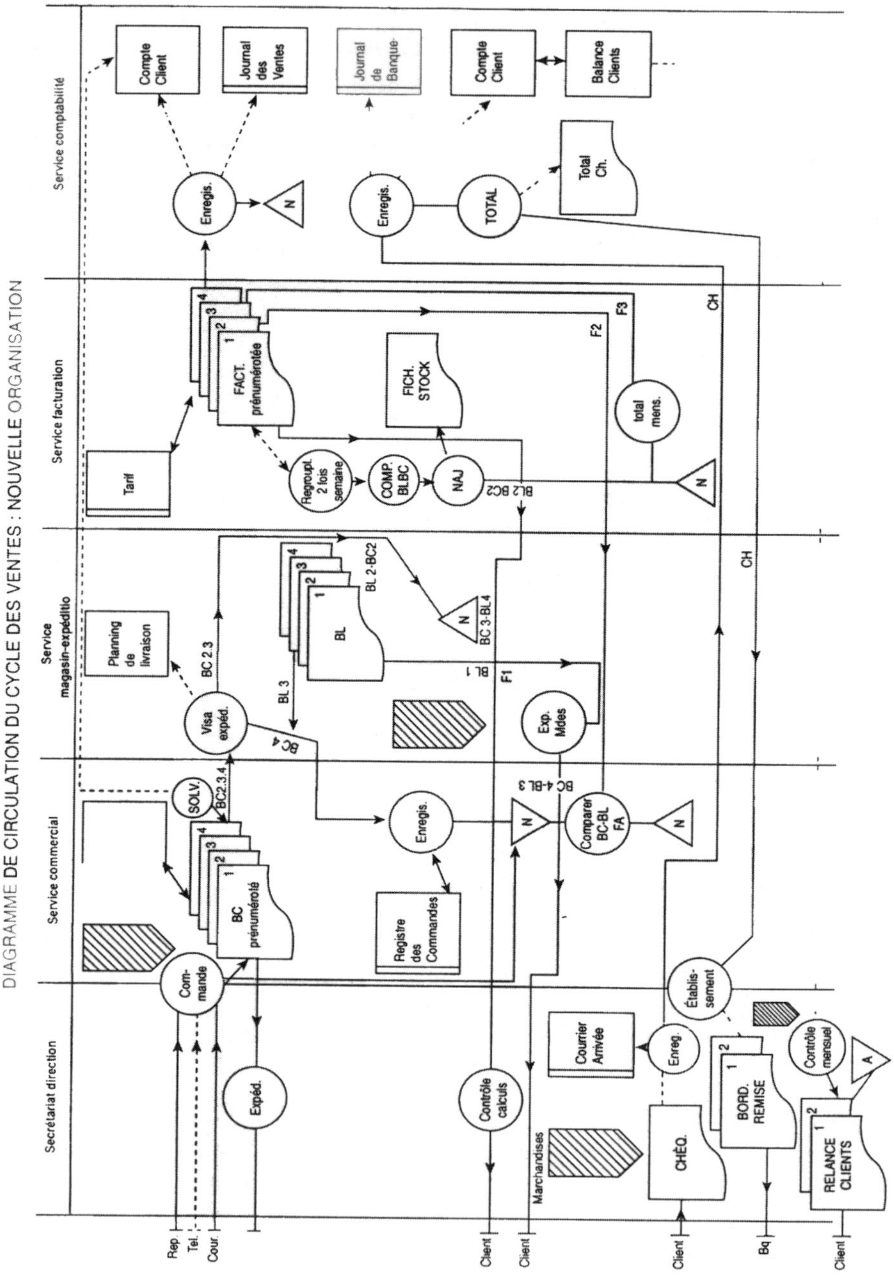

APPLICATION 37

Contrôle interne système ventes

1. Risques et moyens pour les réduire

1.1 Les options et le mode d'exploitation de « Voilà la Voie »

Le non-fonctionnement des options de calcul du logiciel est un facteur de risques.

Le risque peut être réduit par :

- l'exécution effective des opérations de chiffrage du projet de devis ou de facture avant sa saisie, et son contrôle (bande additionneuse) ;
- et l'exécution, après saisie, à partir des montants mentionnés sur le devis ou sur la facture, des calculs devant conduire aux mêmes sommes que celles qui y figurent et de l'écart pour s'assurer qu'il est bien nul.

La procédure de facturation provisoire est un facteur de risques : une « facture provisoire » document sans valeur et dépourvu de numéro séquentiel, peut être prise par erreur pour une facture ou provoquer des facturations en double.

L'omission de la transformation d'une facture provisoire en facture définitive est aussi un risque.

Ces risques peuvent être réduits par une procédure de justification fréquente des comptes clients et une circularisation.

L'utilisation du logiciel « Voilà la Voie » comme passage obligé pour la comptabilisation des factures Clients dans le contexte autorisant l'établissement dérogatoire de factures sur traitement de texte pour des raisons de présentation, est un autre facteur de risques, car un tel contexte ouvre la voie à des omissions de comptabilisation.

Ce risque peut être réduit si la facture récapitulative « Voilà la Voie » est établie avant la facture détaillée sur traitement de texte et si la facture traitement de texte porte obligatoirement un numéro attribué par « Voilà la Voie ».

Le contrôle régulier de la liste des factures émises par « Voilà la Voie » peut réduire cette vulnérabilité.

1.2 L'établissement des factures sur traitement de texte

Les factures ainsi établies risquent de ne pas être comptabilisées. Ce risque peut être évité si les factures établies en traitement de texte ne sont établies qu'après la facture récapitulative « Voilà la Voie ».

2. Objectifs du programme d'appréciation du contrôle interne

a) Vue d'ensemble

L'établissement d'une facture au nom d'une personne morale lorsque le devis a été établi au nom d'une personne physique peut être légitime (appartement de fonction...). Il peut aussi engager la responsabilité de la société (fausse facture, recel d'abus de biens et de crédit...). Il convient de s'assurer qu'il n'y a aucune ambiguïté dans la rédaction de la facture (lieu des travaux identique à celui du devis et concernant des locaux professionnels ou de fonction, et mention du nom de la personne physique et des références du devis).

Le règlement par une personne morale d'une facture établie au nom d'une personne physique n'est pas en soi anormale, cette dernière pouvant parfaitement être titulaire d'un compte courant créditeur dans les écritures de ladite société.

Le non-fonctionnement de l'option calcul prive l'établissement des devis et facture de la sécurité des calculs automatiques. Il faut examiner la procédure de contrôle des chiffrages.

La procédure d'établissement des factures clients comporte des options dangereuses (factures sans devis, factures provisoires, facture hors traitement « Voilà la Voie »).

D'où les objectifs ci-dessous :

b) Facture au nom d'une personne morale et devis établi au nom d'une personne physique

Objectifs :

• Examiner la procédure informatique de transformation d'un devis en facture, pour savoir s'il est possible d'émettre une facture à partir d'un devis informatique « Voilà la Voie » en en changeant les références client.

• Prendre connaissance des procédures et des autorisations.

• Analyser les cas concernés, en distinguant les devis et factures sur traitement de texte de ceux sur « Voilà la Voie ». vérifier si la facture mentionne clairement le devis concerné, la nature, la localisation et le bénéficiaire des prestations effectuées.

• Examiner le contenu des lettres d'accompagnement.

• Rechercher si des clients douteux ou litigieux sont concernés.

c) Facture au nom d'une personne physique réglée par une personne morale

Objectifs :

• Identifier et analyser les cas concernés.

• Identifier le destinataire et le contenu de la lettre d'accompagnement, de la facture et du devis.

• Examiner la procédure d'accusé de réception du règlement.

• Identifier les comptes individuels client utilisés.

d) Non-fonctionnement de la fonction calcul automatique « Voilà la Voie »

Objectifs :

• S'assurer de l'existence et de la qualité de la procédure de contrôle des factures client (chiffrage avant frappe, chiffrage au vu du devis ou de la facture après saisie, conservation des bandes machines et des brouillons).

• Rechercher les traces matérielles laissées par ce contrôle (bande machine agrafées au brouillon directeur, par exemple).

e) Factures provisoires

Objectifs :

• Identifier et analyser les cas concernés.

• S'assurer de l'existence éventuelle d'une liste de « factures provisoires » et d'une procédure de suivi et d'apurement.

- S'assurer de l'absence de doublons (transformation automatique d'une « facture provisoire » en facture « définitive » et saisie, pour le même devis, directement, d'une facture traitement de texte ou « Voilà la Voie »).
- S'assurer que les « factures provisoires » ne sont effectivement pas prises en compte lors de la « génération comptable ».
- S'assurer qu'une facture provisoire ne peut être transformée qu'une fois en facture définitive, et ce, de manière irréversible.

f) Factures établies sur traitement de texte et « facture sommaire »

Objectifs :

- Analyser la procédure d'établissement de la facture en s'assurant que la première étape est d'abord la saisie sur « Voilà la Voie » d'une « facture sommaire » dont le numéro automatique est ensuite celui donné à la facture détaillée sur traitement de texte et qu'il est impossible d'établir une facture détaillée sur traitement de texte sans qu'il n'ait été d'abord établie la « facture sommaire » « Voilà la Voie ».
- Analyser le système d'autorisation et de contrôle de cette procédure dérogatoire.
- Rechercher s'il existe une procédure d'enregistrement de factures et avoirs par journal d'opérations diverses.

g) Génération comptable

Objectifs :

- Compte tenu de l'impossibilité d'imprimer une facture après exécution de la phase de génération comptable, s'assurer de l'existence :
  - d'une procédure d'obtention systématique, avant exécution de la « génération comptable » d'une liste de factures saisies, avec classement d'un exemplaire au chrono (pour éviter les situations gênantes provoquées par l'oubli de tirage des doubles destinés à la société) ;
  - d'une procédure de sauvegarde systématique des fichiers « Voilà la Voie » avant génération comptable, prévoyant une durée suffisante de conservation des supports physiques et permettant une réinstallation sur le disque dur en cas d'incident ;
  - d'une procédure de même type pour les fichiers après génération comptable et avant saisie de la première facture de la période suivante ;
  - d'un contrôle systématique par le service comptable, après incorporation du fichier « génération comptable » des totaux de brouillards « Voilà la Voie » avec les totaux des journaux de ventes et d'avoirs « Compta ».

APPLICATION 38

Audit dans un environnement informatique

Question 1

Rappel de la question : toutes les marchandises sont-elles comparées à un bon de commande au moment où elles sont reçues ?

Réponse : oui, un exemplaire de chaque bon de commande est accessible sur écran par les magasiniers. Dès qu'une marchandise entre au magasin, les magasiniers en comparent les caractéristiques (nature, quantité, nom du fournisseur...) avec celle des BDC.

Risque évité : si les magasiniers ne disposaient pas des bons de commande, toute marchandise livrée serait obligatoirement acceptée par les magasiniers même si, à la suite d'une erreur du fournisseur, la société Gnepacham :

- a commandé une autre marchandise ;
- a commandé cette marchandise mais pour une autre quantité ;
- n'a rien commandé du tout.

Tests de procédure :

- observer le travail des magasiniers pour vérifier qu'ils consultent réellement leur écran quand ils reçoivent une marchandise ;
- comparer le contenu des BDC et celui des entrées inscrites dans les fiches de l'inventaire comptable permanent (rappelons que les inventoristes sont strictement indépendants des magasiniers).

Question 2

Rappel de la question : toutes marchandises reçues des fournisseurs donnent-elles lieu à l'émission d'un bon de réception ?

Réponse : oui, il vient d'être indiqué qu'une marchandise entrée au magasin est comparée au BDC. Si la comparaison est satisfaisante, le magasinier transforme informatiquement le BDC en un BDR portant la signature électronique du magasinier qui a procédé au contrôle. L'ordinateur numérote les BDR par ordre chronologique. Les BDR sont adressés informatiquement au service comptable pour que celui-ci compare, ensuite, le BDR, le BDC et la facture du fournisseur avant de comptabiliser l'achat.

Risque évité : si les magasiniers n'établissaient pas un BDR, le service comptable ne pourrait pas savoir si oui ou non les marchandises correspondant aux éléments de la facture.

Tests de procédure :

- sélectionner des BDC qui n'ont pas été rapprochés avec des BDR et regarder avec les mouvements de stock si une entrée de marchandise a quand même eu lieu ;
- sélectionner les entrées en stock depuis les fiches informatisées de l'inventaire comptable permanent et regarder chaque fois un BDR.

Question 3

Rappel de la question : toutes les marchandises endommagées sont-elles signalées ?

Réponse : oui, car les critères de conditionnement sont très stricts. Toute marchandise dont l'emballage présente un défaut est refusée et n'est donc pas déchargée des camions de livraison. Ces marchandises donnent néanmoins lieu à la création de BDR dans les conditions décrites ci-dessus (question 2), à une différence près : il figure de manière très lisible sur le BDR, une indication mentionnant que les marchandises ont été refusées. Ces BDR, qui sont en réalité des bons de non-réception (BDNR), sont adressés par informatique au service juridique pour qu'il obtienne un avoir. Le service comptable reçoit également, sur écran, les BDNR : il enregistre la facture et l'avoir à recevoir, tout paiement étant alors impossible.

Risque évité : le service comptable ne court pas le risque de payer un achat quand, à la facture d'une marchandise abîmée correspond non pas un BDR, mais un BDNR.

Tests de procédure :

- vérifier que les achats comptabilisés puis payés prennent appui sur des BDR proprement dits et qui ne figurent jamais des BDNR ; test à mener par sélection par les inventoristes ; tests à mener par sélection depuis le journal des achats, depuis les BDC et depuis les entrées sur les fiches informatisées d'inventaire permanent ;
- analyser des BDNR traités au service juridique pour vérifier qu'ils concernent réellement des marchandises dont l'entrée a été refusée par les inventoristes ; tests à mener par sélection depuis les BDNR traités au service juridique et depuis les avoirs ;
- aller dans les aires de stockage et vérifier, par observation, que tous les emballages sont en parfait état. S'il y a des emballages abîmés, vérifier que la détérioration est postérieure à la réception ;
- vérifier que les factures accompagnées d'un BDNR et, par conséquent, en attente d'avoir, n'ont jamais été payées ; tests à mener en sélectionnant des BDNR et des avoirs.

Question 4

Rappel de la question : toutes les factures reçues et correspondant à des réceptions réelles sont-elles comptabilisées ?

Réponse : oui, toutes les factures reçues sont comparées par le service comptable au BDR avant d'être intégrées dans le système informatique utilisé par le service comptable. Comme il a déjà été dit, le service comptable compare ensuite les factures aux BDR et aux BDC avant de comptabiliser les achats. Pour les BDR qui ne correspondent pas aux factures, le problème est aussitot transmis au service juridique. En outre les BDR sont enregistrés dans le système informatique utilisé par le service comptable pour créditer les comptes 408 liés à ces BDR ; ils y restent tant que le service juridique n'a pas résolu le problème.

Risque évité : aucune facture n'est oubliée, aucune marchandise reçue sans facture n'est oubliée non plus. Ceci est particulièrement important à la clôture de l'exercice social.

Tests de procédure :

- vérifier la stricte concordance entre les BDR et les factures. Tests à mener en sélectionnant à partir de BDR et à partir de factures ;
- sélectionner des BDR dans facture depuis les comptes 408, et regarder leur dénouement (vérifier que la facture reçue correspond bien au BDR).

Question 5

Rappel de la question : les informations portées sur les bons de réceptions (nature des marchandises, quantité...) sont-elles semblables à celles figurant sur les fiches de stock ?

Réponse : oui, car une procédure programmée compare le montant des BDR établis par les magasiniers aux fiches de stocks établies par les inventoristes, et signale toute anomalie. Rappelons que les inventoristes et les magasiniers sont totalement indépendants.

Risque évité : les entrées qui figurent sur les fiches de stock peuvent ne pas correspondre réellement aux entrées physiques.

Tests de procédure :

- comparer des BDR, des BDC et des entrées figurant dans les fiches de stock. Tests à mener en sélectionnant depuis les BDR, depuis les BDC et depuis les fiches de stock ;
- par observation, vérifier que les inventoristes n'utilisent pas de temps à autre des ordinateurs autres que les leurs pour puiser une information auxquelles ils ne doivent pas avoir accès (par exemple des BDC ou des BDR).

Question 6

Rappel de la question : vérifie-t-on qu'à une réception de marchandises, il n'est enregistré qu'un seul achat ?

Réponse : oui, il a été déjà été dit que le service comptable compare les factures aux BDR et aux BDC avant de comptabiliser les achats. Une fois cette comparaison faite, le système informatique lie de manière définitive une facture à son BDC et à son BDR : il n'est pas possible de récupérer un BDR ou un BDC qui a déjà été comparé à une facture pour le lier à une autre facture même identique à la précédente.

Risque évité : on ne peut comptabiliser plusieurs fois la même facture.

Tests de procédure : comparer des BDR aux débits sur le journal des achats. Sélection à mener depuis les BDR et depuis le journal d'achats.

Question 7

Rappel de la question : y a-t-il, pour tout achat comptabilisé au journal un crédit dans un compte fournisseur ? Et réciproquement : y a-t-il, pour tout crédit dans un compte fournisseur un achat comptabilisé au journal ?

Réponse : oui, car le système informatique génère automatiquement un crédit fournisseur quand le comptable enregistre un débit au journal des achats. Il n'existe pas d'autres moyens de comptabiliser un crédit en compte fournisseur (sauf par déverrouillage du système effectué, de manière exceptionnelle, par une personne autorisée à la faire).

Risque évité : à tout crédit en compte fournisseur est obligatoirement lié un achat réel, et réciproquement.

Tests de procédure :

- sélectionner des écritures d'achats de marchandises depuis le journal des achats et les comparer aux comptes fournisseurs ;
- sélectionner des écritures au crédit des comptes fournisseurs et les comparer au journal des achats.

Question 8

Rappel de la question : les factures sont-elles comptabilisées aux prix initialement convenus ?

Réponse : oui, le prix convenu figure sur le bon de commande reçu par le service comptable, ce bon de commande ayant été approuvé par une personne habilité au service des approvisionnements. Le service comptable n'a pas la possibilité de modifier le contenu d'un BDC approuvé. Le service des approvisionnements en garde la trace sur un circuit que le service comptable ne peut pas pénétrer. Le système informatique qui lie définitivement le BDR, le BDC et la facture est conçu pour refuser l'enregistrement si une différence existe entre le contenu de ces trois documents.

Risque évité : on ne comptabilise pas une dette pour un montant différent de celui qui a été fixé par la personne habilitée et qui figure sur le BDC.

Tests de procédure : comparer les BDC approuvés par une personne habilitée du service des approvisionnements aux factures enregistrées par le service comptable. Test à mener depuis la trace figurant sur le circuit que le service comptable ne peut pénétrer, et depuis le journal des achats.

Question 9

Rappel de la question : les factures sont-elles comptabilisées sur la période du fait générateur ?

Réponse : oui, le fait générateur est la date de réception des marchandises et c'est cette date qui figure sur le BDR établi par les magasiniers puis qui figure sur le journal des achats. Si, à la clôture de l'exercice social, un BDR reste sans facture, un compte 408 est crédité. Le système informatique refuse d'enregistrer sur N+1 un BDR daté en N.

Risque évité : il a déjà été indiqué que tous les achats de marchandises sont comptabilisés et que seuls les achats réels sont comptabilisés. On a, en outre, ici l'assurance que les achats sont comptabilisés dans la bonne période et qu'une procédure prévoit le cas des marchandises reçues sans facture.

Tests de procédure :

- comparer les BDR datés de fin N et de début N+1 avec d'autres preuves de la date de réception (bons de transporteurs...) ;
- comparer les écritures en 408 à la date de clôture N aux dates des BDR, puis vérifier que ces BDR ont donné lieu à un apurement en N+1. Test à mener depuis le journal des achats N+1 et depuis les 408.

Question 10

Rappel de la question : les factures d'achat de marchandises sont-elles imputées dans le compte d'achat de marchandises ?

Réponse : oui, car le service comptable vérifie avec soin chaque facture d'achats de marchandises avant de l'enregistrer dans le compte d'achat de marchandises. En outre, une procédure programmée n'autorise pas l'enregistrement si le compte fournisseur crédité ne correspond pas avec le nom d'un fournisseur répertorié comme étant un fournisseur de marchandises.

Risque évité : un achat de marchandises ne peut pas être enregistré dans un compte autre que le compte achats de marchandises.

Tests de procédure : sélectionner des débits dans tous les comptes du grand livre (y compris les comptes d'immobilisations) et au journal des achats. Vérifier la bonne imputation (y compris les comptes d'immobilisations) et au journal des achats. Vérifier la bonne imputation (y compris la correcte distinction charge/immobilisation) en comparant les débits aux factures.

8
CHAPITRE

Les principes garantissant la crédibilité des missions d'audit légal

APPLICATION 39

Déontologie du commissaire aux comptes

1. Ce que doit faire le commissaire aux comptes vis-à-vis de l'entité dont il est appelé à certifier les comptes

Le commissaire aux comptes doit éviter toute situation de conflit d'intérêt (article 6). Tant à l'occasion qu'en dehors de l'exercice de sa mission, il doit éviter de se placer dans une situation qui compromettrait son indépendance à l'égard de la personne ou de l'entité dont il est appelé à certifier les comptes ou qui pourrait être perçue comme de nature à compromettre l'exercice impartial de cette mission.

2. Obligations du commissaire aux comptes en matière de confraternité

Les commissaires doivent se garder de tout acte ou propos déloyal à l'égard d'un confrère ou susceptible de ternir l'image de la profession. Ils doivent s'efforcer de résoudre à l'amiable leurs différends professionnels. Si nécessaire, ils recourent à la conciliation du président de leur compagnie régionale ou, s'ils appartiennent à des compagnies régionales distinctes, des présidents de leur compagnie respective.

3. Opérations que le commissaire aux comptes ne peut effectuer, au bénéfice, à l'intention ou à la demande de la personne ou de l'entité dont il certifie les comptes

Il lui est interdit de procéder, au bénéfice, à l'intention ou à la demande de la personne ou de l'entité dont il certifie les comptes :

- à toute prestation de nature à le mettre dans la position d'avoir à se prononcer dans sa mission de certification sur des documents, des évaluations ou des prises de position qu'il aurait contribué à élaborer ;
- à la réalisation de tout acte de gestion ou d'administration, directement ou par substitution aux dirigeants ;
- au recrutement de personnel ;
- à la rédaction des actes ou à la tenue du secrétariat juridique ;

- au maniement ou séquestre de fonds ;
- à la tenue de la comptabilité, à la préparation et à l'établissement des comptes, à l'élaboration d'une information ou d'une communication financières ;
- à une mission de commissariat aux apports et à la fusion ;
- à la mise en place des mesures de contrôle interne ;
- à des évaluations, actuarielles ou non, d'éléments destinés à faire partie des comptes ou de l'information financière, en dehors de sa mission légale ;
- comme participant, à toute prise de décision, dans le cadre de missions de conception ou de mise en place de systèmes d'information financière ;
- à la fourniture de toute prestation de service, notamment de conseil en matière juridique, financière, fiscale ou relative aux modalités de financement ;
- à la prise en charge, même partielle, d'une prestation d'externalisation ;
- à la défense des intérêts des dirigeants ou à toute action pour leur compte dans le cadre de la négociation ou de la recherche de partenaires pour des opérations sur le capital ou de recherche de financement ;
- à la représentation des personnes mentionnées à l'alinéa premier et de leurs dirigeants devant toute juridiction, ou à toute mission d'expertise dans un contentieux dans lequel ces personnes seraient impliquées.

4. Informations que le commissaire aux comptes doit réunir avant d'accepter une mission

Il doit réunir les informations nécessaires :

- sur la structure de la personne ou entité dont les comptes seront certifiés, son actionnariat et son domaine d'activité ;
- sur son mode de direction et sur la politique de ses dirigeants en matière de contrôle interne et d'information financière.

5. Exigences de la structure d'exercice d'un cabinet de commissaire aux comptes

Chaque structure doit satisfaire aux exigences suivantes :

• Disposer des moyens permettant au commissaire aux comptes d'assumer ses responsabilités en matière :

- d'adéquation à l'ampleur de la mission à accomplir des ressources humaines et des techniques mises en œuvre ;
- de contrôle du respect des règles applicables à la profession et d'appréciation régulière des risques ;
- d'évaluation périodique en son sein des connaissances et de formation continue.

• Mettre en œuvre des procédures :

- assurant une évaluation périodique des conditions d'exercice de chaque mission de contrôle, en vue de vérifier que celle-ci peut être poursuivie dans le respect des exigences déontologiques, notamment en matière d'indépendance vis-à-vis de la personne ou de l'entité contrôlée ;
- permettant de décider rapidement des mesures de sauvegarde si celles-ci s'avèrent nécessaires.

- Le cas échéant, garantir :
  - la rotation des signataires, lorsque la loi le prévoit ;
  - la mise en place d'une revue indépendante des opinions émises ;
  - le renforcement des moyens affectés au contrôle lorsque la difficulté technique de la mission ou les exigences déontologiques le commandent ;
  - la mise en place d'un dispositif de contrôle de qualité interne.
- Constituer une documentation appropriée sur la manière dont elle satisfait aux exigences ci-dessus.

6. Représentation du commissaire aux comptes par des experts

Le commissaire aux comptes peut se faire assister ou représenter par des collaborateurs ou des experts. Il ne peut leur déléguer ses pouvoirs. Il conserve toujours l'entière responsabilité de sa mission. Il s'assure que les collaborateurs ou experts auxquels il confie des travaux respectent les règles applicables à la profession et sont indépendants de la personne ou entité qui fait l'objet d'une certification des comptes à laquelle ils participent.

7. Cas de contrôle conjoint

Les commissaires aux comptes doivent se communiquer réciproquement les propositions de fourniture de prestations entrant dans les diligences directement liées à la mission faites à la personne ou entité dont les comptes sont certifiés.

Lorsque les commissaires aux comptes, partageant une même mission, ne parviennent pas à s'entendre sur leurs contributions respectives, ils saisissent le président de leur compagnie régionale ou, s'ils appartiennent à des compagnies régionales distinctes, le président de leur compagnie respective.

8. Démission du commissaire aux comptes

Constitue un motif légitime de démission :

- la cessation définitive d'activité ;
- un motif personnel impérieux, notamment l'état de santé ;
- les difficultés rencontrées dans l'accomplissement de la mission, lorsqu'il n'est pas possible d'y remédier ;
- la survenance d'un événement de nature à compromettre le respect des règles applicables à la profession, et notamment à porter atteinte à l'indépendance ou à l'objectivité du commissaire aux comptes.

Le commissaire aux comptes ne peut démissionner pour se soustraire à ses obligations légales relatives notamment :

- à la procédure d'alerte ;
- à la révélation de faits délictueux au procureur de la République ;
- à la déclaration de sommes ou d'opérations soupçonnées d'être d'origine illicite ;
- à l'émission de son opinion sur les comptes.

Il ne peut non plus démissionner dans des conditions génératrices de préjudice pour la personne ou l'entité concernée. Il doit pouvoir justifier qu'il a procédé à l'analyse de la situation.

9. Indices d'appartenance à un réseau

Constituent des indices de son appartenance à un réseau :

- une direction ou une coordination communes au niveau national ou international ;
- tout mécanisme conduisant à un partage des revenus ou des résultats ou à des transferts de rémunération ou de coûts en France ou à l'étranger ;
- la possibilité de commissions versées en rétribution d'apports d'affaires ;
- une dénomination ou un signe distinctif communs ;
- une clientèle habituelle commune ;
- l'édition ou l'usage de documents destinés au public présentant le réseau ou chacun de ses membres et faisant mention de compétences pluridisciplinaires ;
- l'élaboration ou le développement d'outils techniques communs.

Ne constituent pas un réseau les associations techniques ayant pour unique objet le partage des connaissances ou l'échange des expériences.

En cas de doute sur son appartenance à un réseau, le commissaire aux comptes saisit pour avis le Haut Conseil du commissariat aux comptes.

10. Fourniture de prestations de services par un membre du réseau

L'indépendance du commissaire aux comptes qui certifie les comptes est affectée par la fourniture par un membre de son réseau de l'une des prestations suivantes à la personne qui contrôle ou qui est contrôlée par la personne dont les comptes sont certifiés :

- toute prestation de nature à mettre le commissaire aux comptes dans la position d'avoir à se prononcer sur des évaluations ou des prises de position que le réseau ou un de ses membres aurait contribué à élaborer ;
- l'accomplissement d'actes de gestion ou d'administration, directement ou par substitution aux dirigeants de la personne ou de l'entité ;
- le recrutement de personnel exerçant au sein de la personne ou entité des fonctions dites sensibles au sens de l'article 27 du Code de déontologie de la profession de commissaire aux comptes ;
- la tenue de la comptabilité, la préparation et l'établissement des comptes, l'élaboration d'une information ou d'une communication financières ;
- la mise en place des mesures de contrôle interne ;
- la réalisation, en dehors de la mission légale, d'évaluations d'éléments destinés à faire partie des comptes ou de l'information financière ;
- la participation à un processus de prise de décision, dans le cadre de missions de conception ou de mise en place de systèmes d'informations financières ;
- la fourniture de prestations de services ou de conseils en matière juridique de nature à avoir une influence sur la structure ou le fonctionnement de la personne ou entité dont les comptes sont certifiés ou au bénéfice des personnes exerçant des fonctions sensibles au sens de l'article 27 du Code de déontologie de la profession de commissaire aux comptes ;
- la fourniture de prestations de services ou de conseils en matière de financements ou relatifs à l'information financière ;
- la fourniture de prestations de services ou de conseils en matière fiscale de nature à avoir une incidence sur les résultats de la personne ou entité dont les comptes sont certifiés ;

- la défense des intérêts des dirigeants ou l'intervention pour leur compte dans le cadre de la négociation ou de la recherche de partenaires pour des opérations sur le capital ou de recherche de financement ;
- la représentation des personnes mentionnées à l'alinéa premier et de leurs dirigeants devant toute juridiction ou la participation, en tant qu'expert, à un contentieux dans lequel ces personnes ou entités seraient impliquées ;
- la prise en charge totale ou partielle d'une prestation d'externalisation dans les cas mentionnés ci-dessus.

11. Liens familiaux incompatibles

Il existe un lien familial incompatible avec la mission de commissaire aux comptes entre deux personnes lorsque l'une est l'ascendant de l'autre, y compris par filiation adoptive, ou lorsque l'une et l'autre ont un ascendant commun au premier ou au deuxième degré, y compris par filiation adoptive. Il existe également un lien familial entre conjoints, entre personnes liées par un pacte civil de solidarité et entre concubins. Le lien familial est également constitué entre l'une de ces personnes et les ascendants ou descendants de son conjoint, de la personne avec laquelle elle est liée par un pacte civil de solidarité et de son concubin.

12. Liens financiers incompatibles

Les liens financiers s'entendent comme :

- la détention, directe ou indirecte, d'actions ou de tous autres titres donnant ou pouvant donner accès, directement ou indirectement, au capital ou aux droits de vote de la personne ou de l'entité, sauf lorsqu'ils sont acquis par l'intermédiaire d'un organisme de placement collectif en valeurs mobilières faisant appel public à l'épargne ;
- la détention, directe ou indirecte, de titres de créance ou de tous autres instruments financiers émis par la personne ou l'entité ;
- tout dépôt de fonds, sous quelque forme que ce soit, auprès de la personne ;
- l'obtention d'un prêt ou d'une avance, sous quelque forme que ce soit, de la part de la personne ou de l'entité ;
- la souscription d'un contrat d'assurance auprès de la personne.

13. Dépendance financière du commissaire aux comptes

Lorsque le commissariat aux comptes est exercé sous forme de société, une dépendance financière est présumée lorsque le total des honoraires perçus dans le cadre de sa mission légale représente une part significative du chiffre d'affaires total de la société.

Lorsque le commissariat aux comptes est exercé par un signataire et que les honoraires perçus dans le cadre de la mission légale représentent une part significative du chiffre d'affaires réalisé par ce signataire, la société de commissaires aux comptes doit mettre en place des mesures de sauvegarde appropriées.

Lorsque le commissariat aux comptes est exercé par une personne physique qui est par ailleurs associée d'une société de commissaires aux comptes et que les honoraires perçus dans le cadre de la mission représentent une part significative du chiffre d'affaires qu'il réalise ou de sa rémunération, il doit être mis en place des mesures de sauvegarde appropriées.

Lorsque le commissariat aux comptes est exercé par une personne physique et que les honoraires perçus dans le cadre de la mission légale représentent une part significative de son chiffre d'affaires, analysé sur une base pluriannuelle, il met en place des mesures de sauvegarde appropriées.

14. Informations sur les honoraires

Le commissaire aux comptes informe la personne ou entité dont il est chargé de certifier les comptes du montant de l'ensemble des honoraires :

- qu'il a perçu au titre de sa mission de contrôle légal ;
- que le réseau, auquel il appartient, s'il n'a pas pour activité exclusive le contrôle légal des comptes, a reçu au titre des prestations qui ne sont pas directement liées à la mission du commissaire aux comptes, fournies à une personne contrôlée ou qui contrôle, la personne ou entité dont les comptes sont certifiés.

Lorsque la mission du commissaire aux comptes porte sur le contrôle de comptes consolidés, les informations communiquées doivent porter sur les honoraires perçus par le réseau au titre des prestations qui ne sont pas directement liées à la mission de commissaire aux comptes et qui ont été fournies aux sociétés entrant dans le périmètre de consolidation de la personne ou entité dont les comptes sont certifiés ou, le cas échéant, à la personne ou entité qui la contrôle.

15. Formes de publicité ou de communication autorisées

La participation des commissaires aux comptes à des colloques, séminaires ou autres manifestations universitaires ou scientifiques est autorisée dans la mesure où ils ne se livrent pas, à cette occasion, à des actes assimilables à du démarchage.

Les moyens auxquels il est recouru à cet effet sont mis en œuvre avec discrétion, de façon à ne pas porter atteinte à l'indépendance, à la dignité et à l'honneur de la profession, pas plus qu'aux règles du secret professionnel, à la loyauté envers les clients et les autres membres de la profession.

Les commissaires aux comptes peuvent utiliser le titre de commissaire aux comptes et le faire suivre de l'indication de la compagnie régionale dont ils sont membres.

Lorsqu'il présente son activité professionnelle à des tiers, par quelque moyen que ce soit, le commissaire aux comptes ne doit adopter aucune forme d'expression qui soit de nature à compromettre la dignité de sa fonction ou l'image de la profession.

Les autres formes de communication sont autorisées sous réserve :

- que l'expression en soit décente et empreinte de retenue ;
- que leur contenu ne comporte aucune inexactitude ni ne soit susceptible d'induire le public en erreur ;
- qu'elles soient exemptes de tout élément comparatif.

APPLICATION 40

Problèmes posés par une mission d'audit

Monsieur Zéro ne pouvait accepter la mission de commissariat aux comptes de la société Célimène. Il ne peut justifier de son indépendance vis-à-vis de la société contrôlée. Des liens familiaux existent entre lui et le président de la société. L'article 27-1 du Code de déontologie des commissaires aux comptes considère en effet qu'il existe un lien familial entre deux personnes, lorsque l'une et l'autre ont un ascendant commun au premier ou au deuxième degré. Il existe également un lien familial entre conjoints, entre personnes liées par un pacte civil de solidarité, entre concubins. Ainsi, comme la concubine de Monsieur Alceste est la sœur de Monsieur Zéro, on peut considérer que Messieurs Alceste et Zéro sont beaux-frères.

Monsieur Zéro ne peut pas non plus avoir d'intérêt financier dans la société. Il ne peut détenir, directement ou indirectement, des actions ou de tous autres titres donnant ou pouvant donner accès, directement ou indirectement, au capital ou aux droits de vote de la personne, sauf lorsqu'ils sont acquis par l'intermédiaire d'un organisme de placement collectif en valeurs mobilières faisant appel public à l'épargne. Le Code de déontologie par contre n'interdit pas formellement la participation du commissaire aux comptes (qui sera minoritaire) dans la filiale de la société Célimène en Estonie.

Sur le plan pénal, le commissaire aux comptes qui accepte une mission incompatible est puni par l'article L. 820-6 du Code de commerce d'un emprisonnement de six mois et d'une amende de 7 500 € s'il a sciemment accepté, exercé ou conservé les fonctions de commissaire aux comptes nonobstant les incompatibilités légales.

Les statuts de la société Célimène comportent une signature d'une personne qui n'existe pas, Monsieur Oronte. Leur rédaction énonce donc des choses manifestement inexactes. Le délit de faux en écritures de commerce est donc établi à l'encontre de son rédacteur, Monsieur Alceste, ainsi que contre les signataires qui l'ont signé en connaissance de cause. L'article 441-1 du Code pénal punit le faux et l'usage de faux de trois ans d'emprisonnement et de 45 000 € d'amende.

Monsieur Zéro ne pouvait assumer le secrétariat juridique de la société. Cette interdiction est formalisée par l'article 10 du Code de déontologie des commissaires aux comptes. Il ne peut non plus mettre en place des mesures de contrôle interne. Par contre, il a le droit (et même le devoir), de sa propre initiative, de faire des recommandations susceptibles d'améliorer les procédures de collecte et de traitement de l'information, la présentation des comptes, le contrôle interne et les conditions de l'audit.

Le fait de dévoiler à l'assemblée l'existence d'une convention réglementée portant sur la cession à des conditions avantageuses par la société à son président d'un véhicule automobile n'est pas une infraction au secret professionnel. Il ne semble pas que cette convention ait été autorisée par le conseil d'administration conformément à l'article L. 225-38 du Code de commerce. L'article L. 225-42 prévoit que le commissaire aux comptes fait un rapport à l'assemblée (pouvant d'ailleurs couvrir la nullité de l'opération) exposant les circonstances en raison desquelles la procédure d'autorisation n'a pas été suivie.

La mission d'audit qu'il a réalisé n'a pas respecté les diligences demandées par la profession (il n'a fait qu'un examen limité à une procédure analytique). S'il s'avère que cet audit insuffisant cause un préjudice aux associés ou à la société, un associé ou la société, selon le cas, pourraient engager contre Monsieur Zéro une action en responsabilité civile. Monsieur Zéro pourrait être condamné à verser des dommages et intérêts aux plaignants pour couvrir le préjudice subi.

Monsieur Zéro n'a pas respecté le secret professionnel pour ce qui concerne l'information qui lui avait été confiée par Monsieur Alceste et concernant les résultats de sa participation personnelle dans une société située dans l'Ouest de la France. L'article 226-13 du Code pénal punit la révélation d'une information à caractère secret par une personne qui en est dépositaire soit par état ou par profession, soit en raison d'une fonction ou d'une mission temporaire, d'un an d'emprisonnement et de 15 000 € d'amende.

Monsieur Zéro, s'il a exercé les fonctions de commissaire, aurait dû, conformément à l'article L 823-12 du Code de commerce, révéler au procureur de la République les faits délictueux dont il a eu connaissance (il serait étonnant qu'il n'est pas remarqué quelque infraction). L'article 820-7 du Code de commerce le punit, en cas de manquement à cette obligation, d'un emprisonnement de 5 ans et d'une amende de 75 000 €.

Le président du tribunal de commerce ne peut pas saisir directement la Chambre de discipline des experts-comptables. Seuls le conseil régional de l'Ordre des experts-comptables ou le commissaire du Gouvernement auprès de ce conseil régional peuvent saisir la chambre régionale instituée auprès du Conseil régional de Paris de l'Ordre des experts-comptables (la chambre nationale n'intervient qu'en appel). Parmi les sanctions qui peuvent être infligées à un expert-comptable l'avertissement n'existe pas (c'est une sanction qui s'applique aux commissaires aux comptes mais la réprimande correspond à quelque chose de semblable). Monsieur Zéro est en fait commissaire aux comptes, et c'est plus à titre, que son action est répréhensible. En matière de procédure disciplinaire applicable aux commissaires aux comptes, les plaintes sont reçues par le procureur général auprès de la cour d'appel ou par le conseil régional des commissaires aux comptes et sont transmises au magistrat chargé du ministère public auprès de la chambre régionale de discipline.

051314 - (I) - (2,2) - OSB 80° - STY - NGT

Imprimerie Nouvelle
45800 Saint-Jean de Braye
N° d'Imprimeur : 422761A
Dépôt légal : octobre 2007

Imprimé en France